大学体育与终身体育教育理念研究

李国冰　著

中国原子能出版社

图书在版编目（CIP）数据

大学体育与终身体育教育理念研究 / 李国冰著. --
北京：中国原子能出版社，2023.5
ISBN 978-7-5221-2732-3

Ⅰ. ①大… Ⅱ. ①李… Ⅲ. ①体育教学–教学研究–
高等学校 Ⅳ. ①G807.4

中国国家版本馆 CIP 数据核字（2023）第 099789 号

大学体育与终身体育教育理念研究

出版发行	中国原子能出版社（北京市海淀区阜成路 43 号　100048）	
责任编辑	白皎玮　王齐飞	
责任印制	赵　明	
印　　刷	河北宝昌佳彩印刷有限公司	
经　　销	全国新华书店	
开　　本	787 mm×1092 mm　1/16	
印　　张	12.75	
字　　数	210 千字	
版　　次	2023 年 5 月第 1 版　2023 年 5 月第 1 次印刷	
书　　号	ISBN 978-7-5221-2732-3	**定　价　76.00 元**

发行电话：**010-68452845**

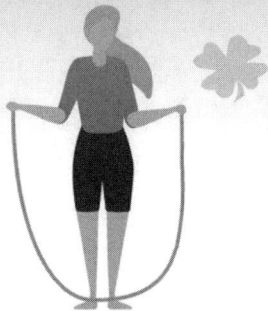

前　言

在健康第一、终身体育等新教学理念指导下，在体育强国、全民健身的体育背景下，高校体育面对广大的受教育群体，肩负着促进大学生身心健康发展的重要责任。

本书包括大学体育概述，大学体育与终身体育，体育活动与动机、兴趣和态度，运动训练的原理与方法，大学生体育锻炼与营养保健，高校体育教育与体育文化的融合等内容。通过对多重理念下高校体育教育的研究，促进体育教师更新观念、转变角色，为学生营造一个独立思考、勇于探究、不断创新的学习环境，帮助学生掌握学习方法。

本书编写过程中参考借鉴了一些专家学者的研究成果和资料，在此特向他们表示感谢。由于编写时间仓促，编写水平有限，不足之处在所难免，恳请专家和广大读者提出宝贵意见，以便改进。

目　录

第一章

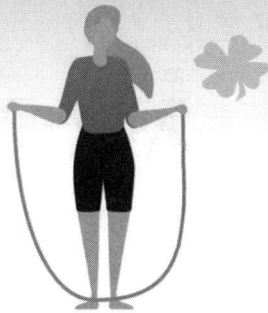

大学体育概述

体育,是一种复杂的社会文化现象,它以身体与智力活动为基本手段,根据人体生长发育、技能形成和机能提高等规律,达到促进全面发育、提高身体素质与全面教育水平、增强体质与提高运动能力、改善生活方式与提高生活质量的一种有意识、有目的、有组织的社会活动。

随着国际交往的扩大,体育事业发展的规模和水平成为衡量国家、社会发展进步的一项重要标志,也成为国家间外交及文化交流的重要手段。

本章将从体育的起源讲起,论述体育的本质,阐述体育的功能,分析体育在高校中的作用及实施途径,为理性认识体育提供帮助。

第一节　体育的概念与分类

一、体育的概念

整个古代社会,虽然可以找到被称为"体育活动"的影子,但并没有出现"体育"这一概念。古希腊哲学家，如苏格拉底、柏拉图、亚里士多德，他们的著作中都有很多关于体育的论述。古希腊时期关于体育的基本术语有竞技、训练、体操等。中国古代与体育有关的术语主要有"养生""尚武""游息""角力""讲武"等。中国现代所用的"体育"一词，于 1897 年从日本传入我国，也经历了从"体操"到"体育"的演进过程。

目前普遍认为，体育（又称体育运动），是通过有规则的身体运动改造人的"自身自然"的社会实践活动。体育的基本表现形式是人有规则的身体运动，其基本任务是对人自身的改造，其作用对象是参与者的"自身自然"。

体育的含义有狭义和广义两种。狭义的体育即身体教育，是通过身体活动，增强体质，传授锻炼身体的知识、技能、技术，培养道德和意志品质的目的，有计划的教育过程。它是教育的组成部分，是培养全面发展的人的一个重要方面。

广义的体育即社会文化活动。体育（广义的，亦称体育运动）是指以身体练习为基本手段，以增强体质，促进人的全面发展，丰富社会文化生活和促进精神文明建设为目的的一种有意识、有组织的社会活动。它是社会总文化的一部分，其发展受一定社会的政治和经济的制约，也为一定社会的政治和经济服务。体育文化的一个组成部分，是根据人生理、心理发展规律，以专门性的身体活动为基本手段，增强体质，发展人体运动能力，提高人们生活质量的一种有目的、有价值的社会活动。

二、体育的分类

按照体育的目的、对象和社会施予的影响不同，广义体育分为以下 3 个方面：学校体育、竞技体育和大众体育。

（一）学校体育

学校体育又称狭义体育，是指以在校学生为参与主体的体育活动，通过培养学生的体育兴趣、态度、习惯、知识和能力来增强学生的身体素质，培养学生的道德和意志品质，促进学生的身心健康。学校体育是教育的重要组成部分，是具有较强计划性、目的性、组织性的体育教育活动过程。

学校体育的目的是完善人类的自身发展，使学生具有良好体质，并掌握体育锻炼相关知识、技能，终身受用。学校体育的主要形式是体育教学和校内体育活动，具有很强的规范性。

（二）竞技体育

竞技体育是指在全面发展身体，最大限度地挖掘和发挥人（个人或群体）在体力、心理、智力等方面的潜力的基础上，以攀登运动技术高峰和创造优异运动成绩为主要目的的一种运动活动过程。竞技体育是一种制度化、体系化的竞争性体育活动，具有正式的历史记载和传说，以打败竞争对手来获取有形或无形的价值利益为目标，在正式组织起来的体育群体的成员或代表之间进行，强调通过竞赛来显示体力和智力，在对参加者的职责和位置做出明确界定的正式规则所设立的限度之内进行。它有以下特征。

（1）充分调动和发挥运动员的体力、智力、心理等方面的潜力。

（2）激烈的对抗性和竞赛性。

（3）参加者有充沛的体力和高超的技艺。

（4）按照统一的规则竞赛，具有国际性，成绩具有公认性。

（5）娱乐性。当今世界所开展的竞技运动项目是社会历史的产物。远在公元前700多年的古希腊时代，赛跑、投掷、角力等项目就出现了，发展至今运动项目已有数百种之多。普遍开展的项目有田径、体操、篮球、排球、足球、乒乓球、羽毛球、举重、游泳、自行车等。各国、各地区还有特殊的民族传统项目，如中华武术，东南亚地区的藤球、卡巴迪等。其发展与国家、地区的政治、经济、文化教育、科学技术密切相关。

（6）观赏性。随着社会的不断发展，竞技体育已经发展的越来越成熟，越来越规范，而随着各种运动的不断普及，喜爱和观看竞技运动的人也逐渐增多，让不同的运动都能长盛不衰，呈现百花齐放的局面。

（7）具有一定的教育意义，普及全民健身，发掘更多的体育人才，培养青少年的兴趣。

（三）大众体育

大众体育又称群众体育或社会体育，是指普通民众自愿参加的，以强身、健体、娱乐、休闲、社交等为目的，一般不追求达到高水平的运动成绩，内容广泛、形式多样的体育活动。它有以下特征。

（1）参与对象的广泛性：社会体育以全体社会成员为对象、无论年龄、性别、爱好、职业，都可以在其中找到自己的位置。近年来弱势群体和特殊群体的体育活动不断开展，在实践上更为明确了社会体育的这一内涵。

（2）活动时间的业余性：作为业余文化活动的内容之一，伴随着民众生活水平提高和闲暇时间增多，社会体育发展迅猛。

（3）活动内容的娱乐性：社会体育的活动内容以群众喜闻乐见为前提，在自在、自愿的基础上进行选择，是非功利的体育活动，娱乐性质的活动占主要地位。

（4）参与目的的多样性：由于主体或需要的不同，社会体育活动可以满足健身、健美、康复、休闲娱乐、社会交往、陶冶情操等多种需要。

（5）组织形式的灵活性：社会体育是主体自愿参加，具有自发性和松散性特征；参与者人数多、范围广、素质水平差异较大，组织管理难度较大。

学校体育、竞技体育和大众体育，三者既有一定的区别，又有一定的联系。它们都是以身体练习为基本手段，身体直接参与活动；都要求全面地发展身体，提高身体机能的能力。三者在实践过程中，都有教育和教学的因素，都要学习一定的体育知识，掌握一定的体育技术技能。但是，学校体育的侧重点是教育；竞技体育的侧重点是训练和比赛；大众体育主要目的是休闲娱乐、强身健体。

第二节 体育的产生与发展

一、体育的产生

体育作为人类的一种社会活动，是在人们的社会生产和生活中产生和发展起来的。体育产生的原因比较复杂，一直是体育界研究的一个重要方面。

从总体上来看，体育的产生是多源的，不是一源的。历史唯物主义认为，劳动创造了世界，劳动创造了人的本身。同样，劳动也是体育产生和发展的重要源泉。除了生产劳动对体育的起源起了决定性的作用，原始社会的教育、宗教祭祀、部落间的冲突和战争、休闲娱乐和防治疾病等活动与体育的产生都有着紧密的联系。

（一）生产劳动

原始社会的生活条件非常严酷，生产工具也十分简陋。原始人的生产劳动主要是靠攀爬和徒步去采集野果，靠游泳和投掷锐器捕鱼，靠围追、猎杀对付虎、豹、熊等凶猛的动物。原始人的这些活动，根本目的是生产。

因此，严格意义上这些都只能称为生活和劳动。但原始人在这些生产劳动中，运用并逐渐发展了走、跑、跳、投、攀登、爬越等基本活动技能，改造了身体器官，发展了体力和智力。而走、跑、跳、投、攀登、爬越等动作既是生产劳动技能，又是现代体育运动的基础；各运动项目的技术动作，都是从这些基础的动作发展而来。

所以，人类早期的生产劳动中含有体育的因素，劳动技能的发展促进了体育的产生，劳动是体育产生的重要源泉。

（二）教育

原始人在长期的生产和生活实践中，自然知识和社会经验不断积累提高，劳动技能日趋多样化、复杂化。这些变化导致部落对原始人个体提出了更高的要求，个体必须经过学习、培训才能学会制造和使用较为有效的劳动工具和劳动方法。这样在氏族里，就由一些有经验的人（大多数为年长者）对年轻一代实施专门教育，传授劳动技能并进行身体训练，从而产生了人类最初的教育。

受生产力发展水平的制约，原始社会对年轻一代进行教育的主要内容是生产劳动技能的传授，而走、跑、跳、投、攀登、爬越等基本活动能力又是构成原始社会劳动技能最基本的因素。因此，可以说萌芽状态的体育是原始教育的主要内容，原始教育的产生和发展促进了体育的发展。

（三）战争

原始社会末期，出现了部落之间为争夺生存环境和生活资料而进行的战争，为了赢得战争胜利，以军事斗争为目的的身体训练受到重视。

古希腊斯巴达人的身体训练，中国奴隶社会的角抵，汉时的蹴鞠，唐代的马球等都曾是军事训练的手段。而且，古代军事战争中的"射击""射箭""赛马""格斗"等一些技能，如今也都直接或间接地演变成了竞技体育的比赛项目。

这种出于军事的需要而进行的特殊体育锻炼，对体育的发展起到了积极的促进作用。

（四）宗教祭祀活动

原始社会人类认识能力低下，对大自然的变化和人类的生老病死还不能做出科学解释，以为这些都是由神灵在主宰着。原始人为了表示对神灵的崇敬，以祈求风调雨顺、五谷丰登，便按照自身的性格特点、好恶和想象设计了种类繁多的仪式活动来取悦神灵，其活动的主要内容是大负荷、高激情的舞蹈及其他一些文娱活动，如赛跑、角力。

总之，在各种祭祀活动中存在着大量的身体活动，人类的身体活动能力在这些活动中得到了提高。古代奥林匹克运动会正是由古希腊的祭祀活动逐渐发展而来的。

（五）防治疾病等保健养生活动

随着社会的发展，人类对自然、自身的认识不断地深化，经验得到积累，也逐渐地意识到了身体活动可以起到保健养生的作用。

原始社会末期已经出现了用于强身祛病的"消肿舞"。据《吕氏春秋》记载："昔陶唐氏之始，阴多滞伏而湛积，水道壅塞，不行其原，民气郁阏而滞着，筋骨瑟缩而不达，故作为舞以宣导文。"这段话的意思是说在尧舜初期，气候不好，阴雨连绵，水道中的积水排泄不出去。人们心情忧愁，肢体活动少而发硬，逐渐萎缩，人们运用舞蹈这种身体活动来强健筋骨，改善情绪。

这种认识尽管肤浅，不能同今天人们对体育的认识相比，但接近了体育的本质。对身体运动强身祛病等作用的认识是体育发展史中一次质的飞跃。

（六）娱乐活动

原始社会娱乐的主要形式是舞蹈，它们和体育有很多共同特点，比如都是身体的活动，都有健身的作用。

用现代观点来看，某些健身性的舞蹈本身就是体育的内容。原始人为了表达狩猎成功的喜悦、对自然的崇拜、对祖先的敬仰及抒发各种内心的情感，他们往往在酋长的率领下，进行集体舞蹈。这种舞蹈既是一种娱乐，又是一种对身体的训练。

原始的娱乐活动大多包含了体育的因素，客观上促进了体育运动的发展。

二、体育的发展

（一）东西方体育发展的特点

古代东方各民族大多生息在大河流域地区，如古埃及，地处尼罗河下游；古巴比伦，地处两河流域（幼发拉底河与底格里斯河）；印度河与恒河流域是古代印度文明的发祥地。由于生活环境较为稳定，因而形成了清静淡泊、自然调和、神形统一的东方民族特点，体育活动有很多是偏重于保健与养生。这一时期印度的瑜伽术、埃及的保健术、中国的气功和武术，都已产生并有了一定的发展。

西方文明的发祥地是古希腊，古希腊是典型的海洋国家，海运便利、商业发达。城邦间经济文化的交融和频繁的战争，使得古希腊体育快速发展，其中斯巴达和雅典最具代表性。

从 19 世纪初开始，近代体育从欧洲传播到世界各地。这种传播大致有 3 类情况：第一类是以欧洲移民为主要媒介，如美洲的一些国家和澳大利亚的近代体育就是这样发展起来的；第二类是通过改革走上资本主义道路的国家，如当时的俄国和日本等，一般是在教育改革的同时，积极的推行近代体育，同时对传统体育进行适当的改造；第三类是在那些殖民地、半殖民地的国家中，近代体育的传播通常是帝国主义文化侵略的一部分，近代体育的形成往往伴随着新旧文化的长期斗争，并和这些国家的民族解放斗争交织在一起。

（二）当代体育发展

20 世纪 50 年代以来，体育发展进入了一个新的阶段。无论是群众性的身体锻炼活动、学校体育，还是以提高运动技术水平为主的竞技运动，都有了长足的发展。

在物质文明和科学技术飞跃发展的现代社会，体育越来越成为全社会的需要、人民生活的需要。日新月异的现代科学使人们能够以较少的人力、物力和较短的时间创造巨大的财富。

在物质生活越来越丰富的同时，人们必然要求有更多更高的精神、文化生活，包括体育娱乐活动等。世界上工业发达的国家为人们参加体育锻炼准备了优越的物质条件。有的国家在法律上规定，凡建造居民住宅区必须有一定的体育场地和体育设施。企业也增设体育设施，鼓励职工进行体育锻炼。

生产和生活中的电气化，自动化程度越来越高，体力活动越来越少，结果出现了现代社会的"文明病"，如心血管系统疾病、肥胖症等。在某些生产部门，由于劳动分工越来越细，某些工种的劳动极度紧张，形成身体局部的过度负担和疲劳，出现各种"职业病"。对这类疾病最积极有效的防治办法就是体育锻炼。

在一般情况下，人们的物质生活越丰富，体育的普及程度也就相应地越高。生产效率的提高，工作时间的缩短，闲暇时间的增多，为体育发展提供了时间保障。紧张的现代生活要求人们通过闲暇消遣和娱乐来恢复体力和脑力，这样促进了体育娱乐化的趋势。随着人们追求高品质的生活，体育已成为贯穿一生的生活内容，伴随而来的则是体育终身化的趋势。追求儿童少年的健康聪颖、中青年的精力充沛和老年的健康长寿，已成为世界潮流。自行车运动热、长跑热、健美运动热此起彼伏，家庭和个人用于体育方面的支出在稳步上升。另外，妇女体育的突飞猛进也成为现代体育的一大热点。

学校体育是体育事业的基础。学校体育活动的开展使青少年身心健康发展，并掌握一定的基本运动技能和运动知识，同时培养了他们体育锻炼的兴趣和习惯。学校体育也是发现、培养和输送竞技人才的基地。世界上许多国家都提高了体育在教育中的地位，如增加体育课时等。在大多数工业发达国家，中小学体育课一般每周为 3 学时，有的达 5 学时。有的国家不仅规定体育为必修课，而且还规定体育不及格不能升学或毕业。日本在 1961 年制定的《振兴体育法》，主要内容是加强学校体育，从增强青少年的体质来提高国民的整体健康水平，实施以来卓有成效。在美国，中学体育是培养奥运会选手和职业选手的初级阶段。中国从 1949 年以来，学校体育被当作增强人民体质，提高运动技术水平的战略任务来对待。广大的第三世界国家也重视发展学校体育。

现代竞技体育向国际化和高水平发展的趋势越来越显著。国际体育竞赛吸引着千千万万的群众，它所产生的影响是多方面的，受到了各国的重视。竞技体育越来越具有国际规模。随着竞技项目的不断增加，参加的国家、地区和人数也越来越多，从而促进了运动技术水平的迅速提高。从 1896 年开始的近代奥林匹克运动会，第一届只有 9 个大项目，13 个国家和地区的 285 名运动员参加比赛，到 2016 年第 31 届夏季奥林匹克运动会，增加到 28 个大项目 306 个小项，205 个国家和地区的 11 303 名运动员参加比赛。除奥运会外，还有各大洲的综合运动会，世界大学生、中学生运动会和各个项目的世界锦标赛或世界杯赛，以及名目繁多的大奖赛、邀请赛等。每年举行的国际、洲际、地区的运动竞赛有几千次，几乎每天都有令人瞩目的具有国际影响的体育竞赛。随着科学、技术和人类体能的突破，国际体育竞赛的频繁举行，世界运动技术水平不断提高。1分、1秒、1公斤、1厘米的提高，都包含着众多运动员和教练员的艰苦努力。有不少项目在十几年甚至几十年中间，才出现一个新的世界纪录。到20世纪80年代，许多项目提高到了必须改变计算方法才能计算出新的成绩的这样一种程度。田径、游泳、竞技体操和球类等各项运动成绩的不断提高，说明人类的运动能力有了很大的发展。国际运动竞赛的争夺也愈来愈激烈，要取得优胜绝不是轻而易举的事。

职业化和商业化对现代竞技体育带来的正面和负面影响越来越明显。1984年，洛杉矶奥运会开创了民间集资办奥运的先河，使现代体育商业化进入了一个崭新的阶段。有条件地允许职业运动员参加奥运会则是对体育的业余原则的挑战。因此，职业化和商业化的程度进一步提高将成为未来竞技体育运动发展的趋势之一。

把体育作为一门科学来研究，是20世纪初期才开始的。体育科学有着广泛的研究范围，不仅研究人体的生长、发育和发展，研究发掘人的潜在能力，还研究所涉及的广泛的社会问题。体育科学涉及哲学、史学、经济学、社会学、教育学等社会科学，也涉及医学、生物化学、生物力学等自然科学。在与各有关学科的结合和应用的基础上，产生了体育科学这一新兴的学科。

随着20世纪科学和技术的发展，体育在应用现代科学的成果上，最突出的是在电子计算技术、激光、光学、电子学、无线电遥控和空间技术等方面。教练员可以利用电子计算机制订科学的训练计划，包括每天最佳的训练量和训练强度。电子计算机还可以根据某一运动员的各种数据预测出他在未来某一比赛中可能达到的成绩。使用激光测量投掷标枪、跳远、三级跳远等项目的距离。录像机、高速摄影机已用来分析运动员的技术动作。心率、心电、肌电的遥测，对于了解运动员在训练过程中的生理变化，掌握适当的运动量有着十分重要的作用。空间技术在体育上的应用，给全世界的体育爱好者带来了福音。世界各地举行的体育比赛，都能通过通信卫星转播到全世界。在场地器材方面，如塑胶跑道、人工草皮、玻璃钢竿、皮质游泳衣的应用，对运动技术水平的提高都有明显的促进作用。

展望 21 世纪，随着世界政治、经济、科学与技术的飞速发展，体育对人类社会的作用和影响将越来越大，人类社会对体育的依赖也会越来越显著。

（三）近代中国体育

1840 年鸦片战争爆发，西方列强用坚船利炮轰开了中国闭关自守的大门，并通过一系列侵略战争，迫使清朝政府签订了大量不平等条约。

辛亥革命时期，中国的先进知识分子对现代体育思想的发展做出了重要的贡献。1917 年，毛泽东以"二十八画生"的笔名，在《新青年》上发表了"体育之研究"的论文。文章针对当时中华民族体质衰弱的状况，正确地解释了体育的含义，阐述了体育与智育、德育的辩证关系和体育的目的、意义、作用、方法。文章指出："体育者，人类自养其身之道，使身体平均发达，而有规则次序之可言者也。""体育一道，配德育与智育，而德、智皆寄于体。无体是无德、智也。""体者，为知识之载而为道德之寓者也。其载知识也如车，其寓道德也如舍。体者，载知识之车而寓道德之舍也"。文章还深刻指出："体育之效，至于强筋骨，因而增知识，因而调感情，因而强意志。筋骨者吾人之身，知识感情意志者吾人之心。身心皆适，是谓俱泰，故夫体育非他，养乎吾生、乐乎吾心而已。"毛泽东的这篇体育理论文，至今仍然具有现实的指导意义。

近代体育在旧中国的发展是十分缓慢的。从 1840 年的"鸦片战争"到 1949 年解放以前是中国社会大动荡的时期，中国由一个封建统治的国家变成了半封建、半殖民地国家。帝国主义列强对中国的侵略、掠夺，国内军阀的封建割据，连年不断的战争等导致政治、经济落后，人民生活贫困。体育运动只是极少数人消遣娱乐的手段，广大人民体质下降。一些社会团体和人士，虽然热心于提倡体育运动，有的提出"体育救国"，有的提倡发展国术（武术）以振奋民心，但受到各种条件的限制，很难发挥作用。中国在很长一个时期内，除学校中体育课的安排外，整个体育事业处于发展十分缓慢的状态。人民体质较弱，运动技术水平很低，在世界体育竞赛中默默无闻，已远远落在世界后面了。旧中国先后参加了第十、十一、十四届奥运会，但没有一项进入决赛，基本上在预赛中就被淘汰。

1949 年新中国成立以后，体育成为国家建设事业的组成部分，并且被当作改善人民健康状况，增强人民体质的重要手段。在国家的统一规划下，全国的体育事业有领导、有计划、有步骤地发展起来。党和国家十分关心人民群众的身体健康，毛泽东亲自题词"发展体育运动，增强人民体质"，为新中国的体育事业指明了前进方向。

伴随着中国经济、社会发展的不同阶段，在全国掀起一个又一个群众体育的高潮，出台了一系列群众体育和学校体育发展的政策、制度和规划，比如劳卫制、国家体育锻炼标准制度、大学生体育合格标准制度、学生体质健康标准制度、全民健身计划、国民体质监测制度、社会体育指导员制度、学校体育工作条例、学校卫生工作条例等。这些政策和措施，都与一定历史时期的经济发展水平、社会背景、管理体制相适应，具有鲜明的时代性。

1995 年，全国人大常委会通过《中华人民共和国体育法》，使体育事业纳入法制轨道。同年，国务院颁布《全民健身计划纲要》，促进了群众性体育运动普及化，增强了人民体质，形成了良好的体育氛围。特别是近年来，全国有计划、有步骤地实施"全民健身工程"，取得了丰硕的成果，受到了人民群众的欢迎。体育与其他工作相配合，使城乡人民的健康水平有显著提高，人民的平均寿命比新中国成立以前的 35 岁，延长了近一倍多，达到 72 岁，接近中等发达国家水平。

我国在广泛开展群众性体育运动的基础上，努力提高运动技术水平，鼓励运动员攀登世界体育高峰。为此，国家有计划地创造和建立为提高运动技术水平服务的各种物资设备，组织训练运动队伍参加国内外体育竞赛。优秀运动员的培养，其基础在学校，特别是中、小学把有体育才能的青少年组织到业余体育学校中受专门训练，进一步发现和培养优秀的运动人才，并分别吸收他们到省市代表队和国家队。

现如今，我国召开了全国运动会、大学生运动会和少数民族运动会、农民运动会、城市运动会、青少年运动会等一系列运动会。这些运动会的召开，对提高我国运动技术水平和群众体育的广泛开展起到了极大的推动作用。

中国运动员在亚运会、奥运会等一系列重大的国际和世界比赛中，不仅取得了优异成绩，而且表现出良好的精神面貌和新的体育道德风尚，在世界上得到好评。中国已成为亚洲和世界的体育强国。特别值得一提的是，2008 年北京奥运会的成功举办及 2022 年北京冬奥会的顺利申办，这是整个中华民族的骄傲，凝聚了几代中国体育工作者和全国人民的希求。

随着改革开放的深入发展，在新的历史时期里，我国制定了以奥运会为最高层次的竞技体育发展战略和以全民健身为基础的群众体育发展战略。奥运战略和全民健身战略是我国体育发展总体战略的重要组成部分，必将把我国的体育运动推向一个新阶段。

第三节　体育的地位与作用

大学的根本任务是为国家培养德、智、体、美、劳全面发展的建设人才，并肩负着培养高级专门人才和发展科学技术的重大任务。大学生的身体健康、思想道德及科学文化水平，影响着社会主义现代化的进程，而且在很大程度上决定着我们民族的基本素养。中华民族的伟大复兴，国家的繁荣昌盛，我国的社会主义现代化建设，都迫切需要一大批德、智、体、美、劳全面发展，富有创新意识和拼搏精神的高素质建设者和接班人。

一、大学体育的地位

大学体育是我国高等教育的重要组成部分，不仅是我国社会主义建设中的一项重要事业，还是发展我国体育事业，丰富高校课余文化生活，建设社会主义精神文明的需要。

（一）大学体育是我国培养身心健康发展的高级专门人才的需要

《中华人民共和国高等教育法》指出，高等教育必须贯彻国家的教育方针，为社会主义现代化建设服务、为人民服务，与生产劳动和社会实践相结合，使受教育者成为德、智、体、美、劳全面发展的社会主义事业的建设者和接班人。

学校的根本任务是培养身心全面发展的人才，以适应社会发展的需要。在我国，党和政府要求学校应面向现代化、面向世界、面向未来，认真贯彻德、智、体、美、劳全面发展的方针，使学生身心健康发展，成为社会主义现代化事业的建设者和接班人。

无论是培养高级专门人才，还是发展科学文化技术，都集中反映出对人才规格的要求，必须是德、智、体、美、劳全面发展，不能只是片面发展，这样才能担负起这个重大使命。因此，高校应正确认识并处理德、智、体、美、劳的辩证关系，确立体育在高校教育中的地位，把培养合格的高级专门人才的目标与大学体育紧紧相连，并采取有力的措施，全面完成大学体育与健康的各项工作。

现代社会，随着科学技术的突飞猛进，社会生产力的高度发展，人类逐渐开始关注人的素质及人的全面发展的问题。随着社会的不断发展，对人们的健康与体质也有了新的要求，以适应在高强度、高速度、高度紧张的环境下生活和工作。体育的社会价值和地位也日益提高，已成为当今社会中不可缺少的组成部分。我国正在实现社会主义现代化建设的宏伟任务，为了适应我国经济腾飞和社会发展的需要，必须大规模地培养一批能够合格的、能够坚持社会主义方向的各级各类的人才。这一大批人才，都应是有理想、有道德、有文化、守纪律、身体健康、为建设中国特色的社会主义事业而献身的人才。高等教育担负着艰巨而光荣的任务，作为高等教育重要组成部分的大学体育，必须与德育、智育紧密配合，为培养新世纪合格人才做出积极的贡献。

（二）大学体育是国民体育的基础，是发展我国体育事业的需要

学校体育是国民体育的基础，搞好学校体育不仅是学校教育的需要，也是我国体育事业发展的需要。大学生的身心发展日趋成熟，但从生长发展全过程来讲，仍处在不断发展与完善之中。因此，大学体育对大学生身心发展，乃至提高全民族身体素质都有着极其深远的意义。新中国成立以来，我国大学生的体质健康水平有了很大的提高，但由于种种原因，目前

我国大学生的体质健康水平相较于世界发达国家来说尚存在一定的差距。例如我国大学生各年龄组的身高、体重、肺活量等各项指标与日本相比，除 22 岁年龄组女生的身高略高于日本外，其余指标均低于日本。而我国大学生除男生立定跳远（爆发力）的水平略高外，其他所有的指标也均低于日本。此外，一些常见的病例在我国大学生中也占有相当大的比例，如视力不良、神经衰弱、身体肥胖、心血管疾病等，有的甚至严重影响大学生的身心健康。为此，必须高度重视大学体育与健康，进一步搞好大学体育工作，努力完善大学体育条件，促使大学体育各项任务的全面完成。

大学体育是培养我国体育后备人才，提高竞技水平的重要源泉，尤其是当代竞技体育发展，要求贯彻科学训练与比赛的原则，运动员必须具备良好的体能和智能，才能不断完善运动技术水平。大学生拥有很好的适应性，在体能和智能上都具备较大的优势，能为我国竞技体育的发展做出一定的贡献。因此，《学校体育工作条例》规定，学校应当在体育课教学和课外体育活动的基础上，开展各种形式的课余体育训练，提高学生的运动技术水平。学校课余体育训练是基础训练的一种组织形式，也是培养体育优秀后备人才的必经之路。大学生参与各种训练，形成良好的体育习惯，掌握相关的体育知识与技能，提高自身运动能力，是推动高校群众性体育活动的需要，也是推动我国体育事业发展的需要。

（三）大学体育是丰富大学生课余文化生活，建设校园社会主义精神文明的需要

大学生在紧张的学习生活中，需要健康、文明、和谐的课余文化生活，以适应大学生身心健康发展的要求。体育活动能使大学校园充满生机与活力，并以其丰富多彩、形式多样的内容，吸引广大学生参与其中。它不仅

可以丰富大学生的课余文化生活，也可以促进校园社会主义精神文明建设。

体育作为社会主义精神文明建设的重要手段，既是文化建设的重要内容，也是思想建设的重要手段。通过大学生对体育活动的参与和观赏，有利于发展大学生的体能和智能；培养大学生勇敢、顽强、坚毅等思想品质，树立正确的审美观；培养大学生的集体主义精神、进取精神和爱国主义思想。对此，必须正确认识校园体育活动的重要性，并予以足够的重视。

综上所述，可以看出体育在高等教育中体现出了至关重要的地位。它关系到大学生的体能、智力发展和整体素质水平的提高，关系到大学生在校期间的学习和毕业后的工作与生活，关系到我国全民健身计划的实施和全民族身体素质的提高，关系到我国社会主义物质文明和精神文明建设，是高校不容忽视的一项重要工作。

二、大学体育的作用

教育是培养和输送人才的摇篮，也是提高中华民族科学文化素质、向现代化建设提供人力资源支持的奠基工程。目前，我国社会主义经济体制的建立和现代化建设的推进，对劳动者和专门人才素质的要求也将迅速提高。我国要想在激烈的国际竞争中处于主动地位，就必须重视人才的综合素质培养。这些人才不仅要有坚定的社会主义信念，良好的思想道德品质，掌握现代科学知识，还必须拥有强健的体魄和良好的心理素质，才能在激烈的竞争中脱颖而出，为祖国的现代化建设贡献自己更多的力量。

具体来说，体育对人才培养的作用体现在以下几个方面。

（1）通过科学的体育锻炼，可以逐步改善人体的生理机能，提高身体各方面的素质，使身体形态、机能、心理健康水平等素质得到全面、均衡的协调发展。在身体健康的情况下，才能以充沛的精力投入到学习和工作中，也才能在激烈的社会竞争甚至艰难的环境中求得奋进和发展。

（2）通过参加各种体育活动，加强了人与自然的接触，也加强了人与人之间的相互交流，使我们开阔视野、增长知识、增进交流、放松身心，并提高适应环境和社交的能力。

（3）体育锻炼中，人们为了达到某一目标，往往要克服心理、生理和环境的一部分障碍和困难，不断地挑战自我、战胜自我。比如攀登险峻的山峰，长距离的越野障碍跑、冬泳等，都会使人产生一种畏难情绪，对自身的生理及心理造成不小的压力。当面对这些困难的挑战时，就是磨炼意志品质，培养自信心理和完善人格的过程，战胜这些困难有利于培养吃苦耐劳、自强不息、敢于拼搏和遇难不怯的精神品质，为今后会遇到的各种挑战打下坚实的基础。

（4）通过体育教育，使人们了解和掌握体育基本知识及科学的训练方法，培养人们的体育意识，提高参与体育活动的兴趣，养成锻炼的习惯和良好的生活方式，拥有科学的体育锻炼方法，使体育成为日常生活的重要组成部分。

第二章

大学体育与终身体育

第一节　体育的发展方向

随着"健康第一"和"终身体育"思想的提出，新的健康观念正在使大学体育的教学目标、教学方法及考核内容和方式发生着转变。

近 20 年来的大学体育改革取得了优异的成绩，特别是《全国普通大学体育课程教学指导纲要》的颁布实施，有力地推动了大学体育教学改革的深入发展，尤其是选项课与选修课的开设，在一定程度上满足了学生的不同体育需求，培养了学生的体育兴趣，激发了学生的体育学习积极性，发展了学生的体育特长，从而也活跃了高校的课外体育活动。

然而，大学体育仍然面临着严峻的挑战。大学生的体育意识仍然还很淡薄，锻炼习惯尚未养成，终身体育能力与体育文化素养较差，体质健康状况不佳。现有情况显示，越是高年级的学生越不爱锻炼。北京某大学对 1 321 名学生参加体育锻炼情况进行了 5 年追踪调查：每周能坚持 3 次以上 1 小时锻炼者，一年级时占 33.1%，二年级时占 28.1%，三年级时占 20.6%，四年级时占 13.2%，读研究生时下降到 10.0%，毕业后只占 7.2%。

大学体育到底应当如何改变才能适应社会发展和学生主体发展的需要，从目前情况来看，认识不尽一致，做法也各不相同，但从总体来看，其基本走向表现在以下几个方面。

一、大学体育课程教学将逐步走向个性化

如前所述，素质教育是一种弘扬学生主体性的教育，它尊重学生人格，承认学生个体差异，重视学生个性发展，因此，素质教育又是一种个性化的教育。新修订的《全国普通大学体育课程教学指导纲要》比较鲜明地反映了这一趋势。

（一）课程目标

根据学生身体发展水平的差异，大学"体育与健康"课程的目标分为基本目标与发展目标两个层次。基本目标根据大多数学生的基本要求而定，发展目标针对少数学有所长和有余力的学生而定，也可以说是大多数学生的努力目标。

（二）课程实施

实行开放式教学，使学生有自主选择教师、自主选择上课内容、自主选择上课时间的自由度，以适应学生的不同情况与不同需要。

（三）教学评价

学生的学习评价应是对学习效果和过程的评价，主要包括体能与运动技能、认知、学习态度与行为、交往与合作精神、意志表现等，通过学生自评、互评和教师评定等方式进行。评价应淡化甄别、选拔功能，强化激励、发展功能，把学生的进步幅度纳入其中。

二、课内外体育将呈现一体化趋势

《全国普通大学体育课程教学指导纲要》强调要拓展课堂的时间和空间，要把有目的、有计划、有组织的课外体育锻炼、校外活动、运动训练等纳入体育课程，形成课内外、校内外有机联系的课程结构。为此，大学体育的重心，将逐渐由课内转移到课外。例如充分利用各种媒体获取体育信息；充分利用课外时间和节假日开展家庭体育、社区体育、体育夏（冬）令营、体育节、郊游等活动；充分利用日光、空气、水、江河、湖、海、沙滩、田野、森林、山地、草原、雪原、荒原等自然环境开展体育活动。大学体育必将冲破学校的樊篱，走向社会，走向自然，表现出更加开放，更加丰富多彩，更加生动活泼，更能满足广大同学的不同体育需求。

三、大学体育的组织形式将更具群众性

大学生体育主体意识的不断加强，大学体育特别是高校课外体育的组织形式将更具群众性。

（一）体育俱乐部将成为大学体育的重要组织形式

为了适应大学生的不同体育需要，高校将根据自身的条件，组织多种多样的体育俱乐部。这些体育俱乐部大致可以分为两大类：一类是以发展学生体育特长，提高运动技术水平为目的的竞技体育俱乐部；另一类是以健身、健美、娱乐为目的的群众性的体育俱乐部，学生可自主选择参加。

（二）体育社团将在高校得到发展

高校的体育社团是由学生自我组织、自我管理、自由参加的群众性体

育团体。其一般由学生会、团委出面发起组织，得到学校体育部（教研室）的支持和指导，大都以单项体育协会的形式出现，如篮球协会、游泳协会、网球协会、健美协会。学生根据协会章程，自愿报名参加，缴纳一定的会费，民主选举管理人员。这种形式已在一些高校出现，今后必将得到进一步的发展。

（三）非正式体育群体的活动将越来越活跃

非正式的体育群体就是非行政的，由学生自由组合而成的体育群体。这种群体的组成，除体育兴趣外，还受性别、性格、情感、体育基础等多种因素的影响，具有较强的凝聚力和主体意识。这种群体主要活跃在课外体育、节假日体育、校外体育中，但是，目前尚未引起人们的足够重视，一旦受到重视，必将为大学体育注入新的活力。

四、大学体育将呈现出多样化和小型化

随着大学体育重心的逐步转移，高校课外体育将向自主确定锻炼目标、自主选择锻炼内容、自主组织锻炼的方向发展。因此，大学体育将呈现出多样化和小型化。但是，一些传统的学校体育组织与活动形式，也将得到继承，如定期举办全校性的运动会，或以院系为单位组织的群体竞赛等。

五、生存训练与拓展训练将在高校逐步开展

生存训练和拓展训练源于第二次世界大战期间。据说第二次世界大战时大西洋上很多军舰船由于受到攻击而沉没，绝大多数的船员不幸牺牲，但仍有极少数的人历经磨难后得以生还。人们发现这些生还下来的人并不都是身强力壮的小伙子，而大多数是些年老体弱的人。这些人

之所以能活下来，关键在于他们具有良好的心理素质。当时有个德国人库尔特·汉恩提议，利用一些自然条件和人工设施，让那些年轻的海员做一些具有心理挑战的训练，以提高他们的心理素质。后来，他的好友劳伦斯于 1942 年成立了一所海上训练学校，这是拓展训练最早的雏形。

由于生存训练和拓展训练形式新颖，对提高人的心理素质、团队精神、生存能力和社会适应能力等具有良好的效果，因而很快就风靡了整个欧洲，并在其后的半个世纪中发展到全世界。近年来，生存训练和拓展训练在我国也得到了较快的发展，引起了我国学校体育行政管理部门的高度关注，并已着手创建训练基地、培训骨干。这种形式的训练，必将受到广大高校学生的欢迎，成为大学体育的新生力量。

第二节　体育的组成形式

《学校体育工作条例》中规定："学校体育工作是指普通中小学校、农业中学、职业中学、中等专业学校、普通大学的体育课教学、课外体育活动、课余体育训练和体育竞赛。"这是学校体育工作的组成形式，它构成了学校体育工作的整体，是为了实现学校体育目标而服务的。

一、体育课程

体育课程是我国大学教学计划中的基本课程之一，也是大学体育工作的主要环节；是实现学校体育目标的重要渠道，也是把宏观的体育教育思想、观念、理论与实践联系起来的重要途径。大学体育课程设置的目的是通过合理的体育教学和科学的体育锻炼，使学生增强体育意识，提高体育能力，养成体育锻炼的习惯，并且在体育课程的学习中受到良好的思想品德教育，成为体魄强健的社会主义事业的建设者接班人。《学校体育工作条例》规定："体育课是学生毕业、升学考试科目。"这些充分说明了体育课程在大学体育工作中的地位及其重要意义。根据学校体育教育目标和任务，体育课程主要分为理论课程和实践课程两大类。

（一）理论课程

大学体育理论课程主要是向学生传授体育与健康的基本知识，科学锻炼身体的原则与方法；介绍我国体育的目的、任务、方针、政策，我国体育运动发展成就，有关体育运动项目的一般方法及运动生理、心理知识等。大学生具有较高的文化素养，对体育知识的需求越来越高，因此有必要增加体育基本理论知识的比重，通过理论课的传授，增强大学生的终身体育意识，养成自觉锻炼身体的好习惯。

（二）实践课程

体育实践课程主要在运动场馆进行，主要向学生传授体育运动的方法，指导学生从事各种身体练习。通过体育实践课，使学生掌握运动的方式方法，增加运动兴趣，提高运动技能，从而提高身体素质，增进健康水平。实践课又分为以下几种形式。

1. 体育普通课

体育普通课主要是围绕学生全面的身体锻炼，使学生的身体形态、机能、素质协调发展，以增强学生体质为目的，并使学生掌握体育锻炼的基本技术和技能，提高运动能力。体育普通课既是巩固和提高学生中学时期已掌握的体育知识，也是为下一阶段的体育选项课学习打下基础。体育普通课教材内容以田径、球类、体操、武术、游泳等为主，再结合《国家体育健康标准》的素质项目练习。

2. 体育选项课

体育选项课是学校根据师资、场地、器材及学生的需求情况，供学生自己选择项目上课的一种形式，也是必修课程。选项课教材分为一般身体练习教材和专项教材两部分。一般身体练习教材包括用以全面发展学生身体素质的项目，专项教材内容有足球、篮球、排球、网球、乒乓球、武术、体操、游泳等。通过体育选项课学习，可以加强学习的系统性与连续性，有利于学生运动技术、技能的形成、巩固和提高，也有利于发挥学生的运动特长，培养运动兴趣和锻炼习惯，为今后参加体育锻炼奠定基础。

3. 体育选修课

《学校体育工作条例》规定："普通大学的一、二年级必须开设体育课。普通大学对三年级以上学生开设体育选修课。"体育选修课面对高年级学生，主要以各运动单项的技战术和专项理论教学指导为主，结合提高身体素质练习及其他辅助练习，使学生在大学期间继续接受体育教育，为终身体育打下基础。

4. 体育保健课

体育保健课是专门为体弱病残的学生开设的一种必修课或选修课，它具有医疗和保健意义，可以使这部分学生在大学期间得到相应的体育指导和锻炼，掌握必要的运动方法和卫生保健知识，以改善身体的健康状况。体育保健课教材内容及运动负荷，是根据学生健康状况而制订的，主要教体育健康知识，有的学校还采用"运动处方"的形式对学生因人施教。

二、课外体育活动

课外体育活动是体育课程的延续和补充，是实现大学体育目标的一个重要组织形式，对发展学生体能、增强学生体质、培养锻炼习惯也是非常重要的。大学生正处于青春发育后期，是增长知识和体质的关键时期。在这个时期，仅靠每周的体育课来锻炼身体是远远不够的。因此，国家规定，把早操和课间操纳入学生一天的锻炼内容，保证每天至少有 1 个小时进行体育锻炼，以利学生身心全面发展。

（一）早操

早操也称早锻炼，是每天起床后坚持的室外体育活动，是大学生合理作息制度中的重要组成部分，早操一般安排 15～20 分钟的时间。应根据大学生的个体需要、兴趣爱好及地理与气候条件等因素，选择多种多样的内容，如广播体操、健身跑、健美操、武术、气功及各种身体素质的内容等。早操的组织一般可采用分操与合操两种方式，可以是集体召集，也可个人自觉活动，由体育教师或体育骨干组织辅导；可以是兴趣小组或项目俱乐部的集体活动，也可以是较大规模甚至是全校（院）的集体合操，很多学校把集体合操与升旗仪式结合进行，取得了不错的成效。大学生坚持做早操，不仅是合理的作息制度、锻炼意志品质、养成良好锻炼习惯的有效途径，而且也是每天进行学习前的准备，它可以消除抑制、兴奋神经过程，活跃生理机能，促进人体以良好的状态进入学习过程，同时，对校风、学风建设及精神文明建设也都起着积极作用。

（二）课间活动

课间活动是课间休息时所进行的有益于身心健康的体育活动。一般为个人活动，如走步、肢体活动操、功能性体操（如防治脊柱弯曲操）和提高身体素质的简单练习等。在上、下午的 1、2 节课和 3、4 节课之间的 20 分钟休息时，也可以以班级为单位做广播体操。充分利用课间休息时间活动身体，对消除学生大脑皮层的疲劳，适时地转移大脑的优势兴奋过程，调节情绪，促使学生能更加精神饱满地进行学习等，都是很有好处的。

（三）课余体育锻炼

课余体育锻炼，是大学生一天课程学习结束之后进行的有目的、有计划、有组织的体育活动。一般在每天下午，每次活动时间约 1 小时，每周进行 2～3 次。课余体育锻炼，通常以教学班为单位组织进行，但由于大学生心理、生理发展程度不一，兴趣爱好和个性发展也各有差异，随着各方面条件的改善，体育俱乐部、单项运动协会等体育组织越来越受到大学生的欢迎，只要条件允许，同样可以作为课余体育锻炼的主要组织形式。在组织活动的过程中，要充分调动大学生参加体育锻炼的主动性和积极性；要充分发挥体育教师和学生体育骨干的组织作用，制订切实可行的活动计划，建立各项规章制度，合理安排和使用场地器材；要重视体育活动过程中的安全，防止运动伤害事故的发生。此外，需要特别注意的是，课余体育锻炼作为课程教学的延续和补充，实际上是体育课程教学的课外作业，必须有严格的计划和检查与评估制度，同时还必须保证其体育健身的实际效果。实践证明，搞好高校课余体育锻炼，可以使大学生增强体质、增进健康、锻炼意志、陶冶情操、丰富知识、开阔视野、发展能力，促进大学生身心的健康发展，是大学生活的重要内容。因此，课余体育锻炼不仅是大学体育的重要方面，也是占领课余思想阵地、丰富校园文化生活、建设精神文明的重要手段之一。

三、课余体育训练

课余体育训练是指高校利用课余时间，对部分身体素质较好、有一定体育专长的学生进行系统训练的一种专门教育过程。它是实现大学体育目的的重要组织形式。

高校课余体育训练是学校贯彻普及与提高相结合的一项重要措施。搞好高校课余体育训练工作对全面贯彻党的教育方针和发展我国体育事业都具有重要意义。一方面，它有助于培养一支学生体育骨干队伍，加强体育的组织和指导力量，推动学校体育活动广泛持久地蓬勃开展；另一方面，它可以把有体育才能的大学生组织起来进行全面系统的训练，不断提高运动技术水平，在校际和国际交往中为校、为国争光，并可为国家培养优秀的体育后备人才，为我国体育事业的发展做出贡献。为此，《学校体育工作条例》规定，学校应当在体育课教学和课外体育活动的基础上，开展多种形式的课余体育训练，提高学生的运动技术水平。并指出，普通大学经国家教育委员会批准，可以开展培养优秀体育后备人才的训练。为搞好高校课余体育训练，应切实做好以下几个方面的工作。

（1）高校开展课余体育训练的设项、组队要从国家、地区和本校实际出发，既要考虑传统性、代表性，又不能贪多求全，以确保训练质量。特别是高水平运动队训练，更要注意从本校人、财、物等各方面的条件出发，突出重点，提高质量。

（2）高校开展课余体育训练要从培养身心健康的高运动水平的全面发展的人才出发，要坚持业余训练，正确处理文化学习和体育训练的关系，科学地安排教学和训练；要坚持基础训练，正确处理训练和比赛的关系，科学地安排训练计划，系统训练，打好基础，不断提高运动技术水平；要坚持严格教育、严格管理，把思想教育贯穿教学和训练的全过程。

（3）高校开展课余体育训练要充分利用高校的智力优势和高等教育的有利条件，调动大学生在智能和体能方面的优势，坚持科学训练，逐步培养一支有理论、有实践经验的高水平师资队伍，并结合训练实践开展科学研究，不断提高科学训练水平。

（4）高校开展课余体育训练要改革创新，要加强科学管理，要建立健全的规章制度，充分发挥参加体育训练学生的骨干作用，调动广大师生参加体育锻炼的积极性，推动大学体育活动的蓬勃开展，并在训练和比赛的过程中，扩大体育传播，丰富校园文化生活，促进学校精神文明建设。

四、体育竞赛

体育竞赛是推动大学体育活动广泛开展，促进运动技术水平提高，实现大学体育目的的重要组织形式。通过体育竞赛，能起到良好的宣传作用，吸引更多的人参与体育活动，逐步提高广大师生积极锻炼身体的自觉性。通过体育竞赛，还可以检查教学和训练工作，总结和交流经验，互相学习和促进，有利于选拔人才。通过体育竞赛还有助于培养学生勇敢顽强、遵纪守法、服从裁判、服从组织的优良品质和集体主义精神，对丰富校园文化生活和社会主义精神文明建设具有重要意义。

《学校体育工作条例》规定，学校体育竞赛贯彻小型多样、单项分散、基层为主、勤俭节约的原则。学校每学年至少举行一次以田径项目为主的全校性运动会。为此，大学应将此纳入工作日程，制订计划，认真实施。

大学体育竞赛包括校内竞赛和校外竞赛两大类。应以校内竞赛为主，经常开展校内群众性体育比赛，如各种球赛、长跑比赛、"达标"赛及大众健身体育项目比赛等。可由校、系、年级、班级及体育俱乐部、单项运动协会分别组织进行。同时，也应从实际出发，组织各种友谊赛、邀请赛、表演赛及派队参加校外各级比赛，以丰富师生文化娱乐生活，开展体育宣传，扩大体育视野，推动学校体育的蓬勃开展。

第三节 体育的功能

体育是一种独特的社会文化现象,是社会发展与人类文明进步的一个标志。

体育能在人类社会连绵不断地存在和发展,得到了不同民族和国家人们的喜爱和广泛的认同,而且发展的活力越来越大,影响和作用也越来越大。这充分说明体育对人类社会有着重要的功能和作用。而且,"经济越发展,社会越进步,人们强身健体的意识就越强烈,体育的地位就越重要,作用就越显著。"

为了深入地分析和认识体育对人和人类社会的功能和作用,可以把体育的功能分成体育的本质功能和体育的非本质功能两大类。

体育的本质功能是"塑人育心",它是体育这一社会文化现象本身所固有的,不以人的意志为转移的客观存在,并且贯穿于任何一种体育的表现形式或体育现象之中,本质的表现形式通常包括体育的教育功能、健身功能和娱乐功能。

体育的非本质功能是指人们为了达到某一目标或目的,而人为地运用各种体育方式或手段,使体育的本质功能起到某一类别特征的作用,是体育潜能的释放。它是动态的,随着社会的发展而不断推陈出新的。目前这类功能主要有体育的教育功能、体育的健身功能、体育的娱乐功能、体育的政治功能、体育的经济功能、体育的文化功能和体育的科技功能7种。

一、体育的教育功能

教育是人类文明发展的杠杆。教育功能是体育最早的和最基本的功能。人类早期的教育正是为了有效地将前人在漫长的，极其严酷的条件下，生息、繁衍、渔猎、劳动及与自然界、生物界，包括人类自身的搏击的经验和技能，传给一代又一代的年轻人，这种早期教育雏形，究其内容和手段，往往多是进行身体的训练和劳动技能的培育，当然，也包括一些部族之间斗争的手段和方法。从某种意义上讲，人类早期的教育正是在体育教育的根基上发展起来的。

"体者，为知识之载而为道德之寓者也""德、智皆寓于体"。有人认为"不懂体育，就不懂教育"，看来是不无道理的。公元前300多年，古希腊哲学家亚里士多德就已认为，体育、德育、智育是互相联系的。因此，世界各国的历代统治者都把体育作为教育的重要组成部分予以贯彻，直到今天也不例外。现在的体育教育，已不仅是为了促进身体发育，增强人民体质和掌握运动技能，而要着眼于培养人们终身体育的观念、兴趣和习惯，以提高人类生活的质量和适应现代社会的需要。在传授人体健康的科学知识和教导人们遵守社会规范，发展人际交往，促进人的个体社会化上，同样体现了体育的教育功能。体育具有群众性、国际性、技艺性和礼仪性的特点（这一点在大型体育竞赛中尤为明显），能激发人们的爱国热情，振奋民族精神，提高民族威望，增强凝聚力，从而成为现代社会传播价值观最为理想的载体，可见其教育的功能是巨大的。

我国学者根据自然主义体育思想认为，体育就是为教育而服务，为实现教育的目的。如为社会公德、基本生活技能、善用闲暇时间、公民态度培养等而进行体育活动。反对为体育而体育，为锻炼而锻炼。真正的追求是努力发挥体育在教育上的效能，达到教育的目的。学校体育特别要注意两点。

（一）学校体育的生活化

体育是学生学校生活的一部分，生活化体育不应仅偏重于技能的训练,而应注重体育理念、态度和习惯的养成,即使学生离开学校,也还有爱好体育的习惯、态度和鲜明超凡的理念。而发展学生身体基本运动能力,则是用以应付激烈竞争和复杂的工作与生活环境的需要,即针对学生现在需要的同时,也应考虑学生将来的需要。学校体育生活化就是要使体育为生活服务。

（二）学校体育的自然性

学校体育的自然性就是摒弃形式化和反非自然化的东西,即"达标体育和军事体育",那是一种呆板、整齐、预定、命令式的和被动式的体育,既不适合学生的心理生理需要,也不能提供给学生自由发展的机会。因此,大学体育应通过自然体育取代人造体育。自然体育包括动作自然、方法自然和环境自然。体育教学要从学生的心理生理需要出发,尊重学生的兴趣,提倡个性自由发展,通过掌握体育的动作技能,实现体育休闲和身体自然活动的能力。

二、体育的健身功能

"生命在于运动",体育正是通过身体的运动来体现这一本质功能的。各种不同的体育项目和运动方法,对人体不同部位,不同的感觉器官及大脑都能起到积极有效的促进、改善、增强、调节作用,因而对于促进生长发育,增进健康、强健体魄、健美体型、改善和调节各内脏器官的功能,提高人体的循环和供氧能力,保证大脑及神经系统的健康,提高工作效率,祛病健体,延缓衰老及在增强人体对自然环境的适应能力等方面,功能都是毋庸置疑的。

2020年年初,由新型冠状病毒引起的新型肺炎在世界各地扩散。对于这种新型冠状病毒暂时还没有特别有效的药物治疗。因此,如何提高自身免疫力就成为人们对抗病毒最有效的手段。坚持适当的体育运动提高自身免疫力才是解决问题的根本。

体育锻炼，能使大脑和神经系统得到锻炼，提高神经工作过程的强度、均衡性、灵活性和神经细胞工作的耐久力；能使神经细胞获得更充足的能量物质和氧气的供应，从而使大脑和神经系统在紧张的工作过程中获得充分的能量物质保证。

体育锻炼能提高循环系统的功能，人体的循环系统是由心脏、血管和淋巴管组成的。心脏是动力器官，血管和淋巴管是运输器官，淋巴管还具有防御功能。人体通过循环系统的活动，向全身几百亿细胞供给血液，血液把呼吸系统摄取的氧气和消化系统摄取的丰富营养物质源源不断地输送给人体各种组织和器官系统，使之维持生命的活力。

体育锻炼能提高呼吸系统的功能，呼吸系统对人体的影响也是至关重要的。呼吸的过程是人体和环境进行气体交换的过程，也就是供给人体几十万亿个细胞新陈代谢中所需的氧气，排出二氧化碳的过程。呼吸系统功能的潜力也很大。一般人安静时一分钟内通气量为 4 200 毫升，剧烈运动时每分钟肺通气量可高达 120 升。这说明体育锻炼能大大提高人体的呼吸功能，体育锻炼不仅能大大提高肺通气量，还能不断地提高人体供氧能力。

体育锻炼能增强人体运动系统的功能，运动系统主要由骨、软骨、关节和骨骼肌等组成。其主要功能是起支架作用、保护作用和运动作用。人体运动系统的强壮、坚实、完善，对人的体质强弱有重大影响。例如骨架和肌肉对人体起着支撑和保护作用，它不仅为内脏器官，如心、肺、肝、肾及脑、脊髓等的健全、生长发育起支撑作用，而且能保护这些器官使之不易受到外界的损伤。骨、软骨、关节、骨骼肌是人体运动器官，骨的质量，关节连接的牢固性、灵活性，肌肉收缩力量的大小和持续时间的长短等，在很大程度上决定人体的运动能力。

体育锻炼能提高机体对外界环境的适应能力，一年四季坚持体育锻炼，结合日光、空气和水的锻炼，能提高体温调节机能，提高对各种疾病的抵抗能力。

此外，体育的健身功能还体现在对于提高人体的力量、速度、柔韧、耐力及协调性等运动素质上，也为更好地掌握各项运动技术、提高人体的运动能力奠定基础。

三、体育的娱乐功能

体育既可以自娱也可观赏，生理、心理、精神在运动参与中得到满足，在欢悦中得到积极休息，能起到丰富人们文化生活、满足人们的精神需要的作用。

无论从人的生理、心理，还是社会化的需要等方面看，娱乐都是人们精神生活上的重要内容。而娱悦身心，陶冶情操，则是体育本质功能的又一体现。

体育往往以其动作的高难度、造型的艺术化、形式的多样化、竞赛的激烈性和比赛结果的不确定性，以及适应性强，社会化广的特点，对参与者及观赏者都能给予一种强烈的感情刺激和情感体验。

由于体育的特点，体育成为当代人们消遣、聚会、回归自然、调节感情、充实健康文明科学生活的重要手段。

四、体育的政治功能

体育作为一项在全世界具有广泛影响的社会文化和教育活动，在当今社会中与政治有着密切的关系，在维护统治阶级的利益，处理国际关系和民族关系方面，具有独特的功能。

（一）影响国家的形象

决定一个国家国际声望的因素固然很多，但竞技比赛，特别是奥运会等大型国际竞赛，对世界各地影响面之广，输送信息之明确，产生效应之迅速，是其他任何活动都无法比拟的。比赛胜负直接关系到国家的荣誉。正因为如此，各国越来越看重竞技比赛。在多极化的世界发展背景下，世界体坛未来竞争将更加激烈。

（二）增强民族自尊心和自豪感

体育比赛的结果具有不确定性，胜负悬念引人关注，加之比赛双方各具代表性，重大比赛的胜负与他们所代表的国家名誉相联系，因此，大型体育比赛已成为各国人民瞩目的社会活动，可以抒发爱国情感，振奋民族精神，鼓舞国民士气，弘扬国家威风。这种巨大精神力量和凝聚效应，对于急需获得国际社会认可的新兴国家尤其重要。

（三）社会感情的调节手段

体育具有健身性和娱乐性，具有广泛的社会需求。当今，人们工作节奏加快，心理压力增加，利用体育来调节身心，协调人际情感是必要的。当社会矛盾可能激化时，大型赛事可以起到转移大众视线、缓和激烈情绪和弱化对抗行为的作用，为从根本上解决问题赢得时间。

（四）外交场合的机遇

比赛具有双边性和交往性。国际比赛中，运动员往往被视作国家的代表，通过与他国选手的接触，展示自身诉求，加深与他国人民的友谊，可以起到非正式的功能。同时还应看到，竞技比赛至少在形式上具有非政治性，可以使任何国家，甚至政治上有隔阂乃至敌对国家的运动员走到一起，同场竞技。与此同时，双方的官员也要进行必要的接触。因此，在特定情况下，为打破外交僵局，常以比赛为契机，进行外交接触，往往在人们意想不到的时刻取得重大的外交突破。

（五）军事训练手段

体育训练具有强身性，在提高士兵的身体素质和锻炼他们的意志品质方面具有重要的价值。尽管未来战争科技含量大大提高，技术装备在制胜因素中的地位也明显提高，但是取得最终胜利，实现最后征服，归根结底还要靠人。离开高素质的参战人员，是不能取得战争胜利的。

五、体育的经济功能

（一）提高劳动能力

劳动生产力的提高是社会经济发展的重要标志。体育看似不能产生直接经济效益，但可以提高生产效率，促进社会生产力的发展，人是生产力中决定性的因素，体育能增强人类的身体素质，提高基本活动能力，从而大大提高劳动能力。

（二）体育本身所产生的经济收入

在大型比赛中能获取可观的经济收入，如出售体育比赛的电视转播权，一次重大比赛的电视转播权金额可高达几亿美元。此外，还可通过出售门票、发售体育彩票、纪念币、收纳广告费等增加收入。重大国际比赛能促进旅游业、第三产业的发展，从而带动国民经济的发展。

（三）体育外延所产生的经济收入

体育的经济功能还体现在它的传媒作用上。在人们的商品意识日趋增强的今天，各种冠以"杯赛"名目的体育竞赛活动，表面是体育的激烈竞争，背后则是商家的广告大战。随着人们对体育需求的不断增长，体育产业和体育商品经济已经成为一个新型产业部门和商品领域。

目前，在经济发达的国家，体育产业不论在规模和范围上都在迅猛扩大，除体育的器材装具外，还包括体育旅游、体育表演、体育建筑及其他体育经营。尤其是洲际以上的大型体育比赛，不仅对一个国家或地区的娱乐、饮食、交通、旅游、旅馆业和运动器材装具行业带来极大的经济效益，而且对该国家和地区的电视、广播、纪念品、体育彩票发行、商品专利及高额门票收入等都可带来非常可观的经济效益。

此外，大型体育竞赛还能够给人们创造为数可观的就业机会。不仅在政治上提高了国际影响和威望，而且对推动城市的建设，发展经济，促进一些诸如建筑、生物检测等各行各业的科学发展，乃至对于整个地区经济的振兴，都是一个难得的契机。

六、体育的文化功能

体育作为一种社会文化现象，本身就有着丰富的文化内涵，体育文化有着历史的渊源，古代人们举行的各种祭把礼仪活动往往以体育的方式（如古代奥运会的产生）来表达人们的思想、精神和观念。

体育的文化特征体现在鲜明的象征性、浓郁的艺术性及丰富的内涵性上。例如奥运会的五环标志，象征着五大洲的团结，圣火象征着文明之光，表示着生命、热情和朝气。会徽及吉祥物都有着丰富的寓意和象征性意义。

人们在举行一些大型活动的开闭幕式及各类文化活动节，体育的表演往往是不可或缺的。可见体育不仅是人的生物体运动，也是人的精神、智力和艺术的展现。

丰富的体育人体文化，在对人体解剖结构、生理机能，进行积极的生物学改造的同时，还给人类劳动自身以极大的美学启迪和熏陶。

宏伟壮观的体育建筑，精彩多样的体育器材设施，绚丽多彩的运动装具，既是人类劳动的产物，也是人类物质文化的结晶。

体育运动作为一种文化形态，在作用于人的生物体的同时，还作用于人的精神、思想和意识。体育运动中顽强拼搏、勇于进取的精神，公平竞争的精神，团结友谊的精神，爱国主义和国际主义的精神，都是体育文化在人们精神领域里的高度体现。体育具有表演性和娱乐性，得到了人们的广泛参与和关注，都使体育不再仅仅是体育本身，而成为一种社会文化现象，承载着一定的文化功能。现代体育的仪式化、庆典化，更增添了体育的文化色彩。

四年一届的现代奥运会，既是一次体育盛会，也是一次文化庆典，来自不同国家、不同种族、不同肤色的运动员一起进行一次真正意义上的文化大杂烩。在不同国家举办的奥运会，会体现出不同的文化氛围和文化特点，这表现在奥运会建筑、奥运会火炬接力、奥运会的开幕式和闭幕式、奥运会吉祥物等众多方面。

现代体育的这种文化功能，促进了不同文化之间的相互交流与相互理解，有利于各国人民之间的友谊与和平，值得发扬光大。

七、体育的科技功能

"科技是第一生产力"，体育运动的发展正是得益于人类社会科学的进步，从而逐渐形成了一个庞大的体育科学体系，涵括了人体生命科学的许多成分。

正是由于有了"人体解剖""运动医学""运动保健学""运动生物力学""运动生物化学"等自然科学的成果现代体育的发展才得以实现。体育的行为和精神得到社会的认同，正因有了"体育社会学""体育管理

学""体育经济学""体育统计学""运动心理学""体育史学"和"体育
行为学"等社会科学的论证，才得以发扬光大。

体育得益于科学技术，又反过来为科学技术的发展提供了更加广阔
的实验场和市场。各种新型材料，以及电子技术在体育领域里的应用，
使体育的器材设施更加科学先进，使竞技体育一次次地打破了"极限"
的预言。

当前各国的体育界又把注意力转向了信息科学、生物遗传工程、分子
生物学、激光技术、生物物理等高新技术的发展上，期待着能为人类的体
育发展带来更大的促进作用。

第四节　终身体育理论基础

一、终身体育产生的背景

随着终身教育概念的产生，终身体育于20世纪60年代应运而出。1960
年，"国际成人教育会议"在加拿大蒙特利尔召开，并提出了有关"终身
教育"的问题。1965年，教育专家朗格朗在巴黎召开的国际成人教育促
进委员会会议上促使"终身教育"成为重要议题。终身教育的基本性
质主要包含两个层面：一是为公共教育提供保障，促使人们得到终身
的成长与发展；二是重新设计和综合历来的教育，以便为人们提供一
生的教育机会，更要使不同年龄段的人们在最为恰当的时期和场所，
受到最为适宜的教育。因此，为适应教育发展的不断变化和要求，各
学科都与时俱进地制订了本学科计划，体育在教育中占有极其重要的
作用，不仅是终身教育中不可分割的一部分，也是人类社会持续发展的
一个主要手段。

因此，终身体育是随着终身教育应运而生的。但终身体育有着属于自身特定的研究领域和范畴，并创造人生价值，终身参与体育教育的过程。朗格朗认为，体育是一生的，不能把它单纯地限定在人生的某个阶段，体育应和终身教育的联系更为紧密，不能只是把它当作一种身体练习，应让它与社会文化、人们的生活等结合得更为紧密。

二、终身体育的理论基础

终身体育包含两个层面：一是人在生命之始至生命结束中进行身体练习，有较强的目的性，使体育成为生命中的一部分；二是在终身体育思想的指导下，树立体育的体系化、整体化目标，为人创造在不同时期、领域中进行体育锻炼的机会。

终身体育是一种现代体育思想，其源自两方面。一是指人体自身的发展规律需要体育锻炼。人体有三个发展时期，即生长发育期、成熟期和衰退期。体育锻炼对人体不同时期的健康发展，都具有积极影响。因此，从事体育活动要通过不同时期人体机能的特点，做出相应的要求。生长发育期的要求，能够使机体正常生长发育；成熟期的要求，能够保持充沛的体力与旺盛的精力；衰退期的要求，是减慢衰退、延年益寿。人生离不开体育锻炼，不同阶段，有不一样的体育目标和要求、不一样的练习内容与方法。二是指终身体育是现代社会发展的需要。现代生产和生活方式的改变，劳动活动锐减，工作、生活的节奏加快，精神压力加大，食物摄取的热量过多等一系列不利影响，出现肥胖症、高血压、心脏病、神经官能症等疾病，严重影响人们的身体健康和生命安全。人们为了保持身体健康，体育意识有所提升，积极参与体育活动成为人们生活中不可缺少的内容之一。

三、终身体育的内涵

1. 终身体育的基本概念

终身体育是指每个人在其一生中自觉地接受体育教育及进行自主性体育锻炼。终身体育的目的在于提高大家对体育的认识，养成良好的生活习惯，利用科学有效、适合自身的锻炼方法，终身参加体育锻炼、终身受益。

2. 终身体育的基本特征

终身体育从广义上来讲是一个包含家庭、学校及社会体育的概念体系，对于社会成员终生的健康发展极具促进作用。其基本特征主要体现为：一是要求参与体育的持久性，实现身心健康是终身体育的目标，所以参与活动具有终身性；二是适用对象的全体性，其适用于一切社会成员，特别是在国家全民健身运动受到大力提倡的社会背景下，终身体育的社会地位更加重要；三是终身体育行为过程的自律性，终身体育伴随人们的一生，因此在参加体育活动时，要提高自身的自律意识，保持好体育参与的规范与调控；四是思想内容的传承性，终身体育不但是一句口号，而且是一种文化符号，对文化建设、全民健身运动、校园与社会体育活动都具有不可替代的作用。因此，弘扬和传承终身体育文化，是我国社会发展过程中不可或缺的一部分。

四、终身体育教育的内容

在终身体育思想下，我们要从《全国普通大学体育课程教学指导纲要》的大纲、计划、课程安排及教材内容各个方面，培养大学生终身体育意识。

1. 体育知识

（1）人体生理知识、心理知识。

（2）生物学知识、医学知识。

（3）体育理论和体育基本知识。

2. 道德

（1）社会主义道德观念。

（2）体育道德。

（3）社会公德。

3. 体育技能

（1）运动项目技术要领、要求。

（2）运动器材使用、运动环境的取舍与使用。

（3）运动医护的鉴别及应用。

（4）体育理论和体育基本知识。

4. 体育兴趣

（1）浓厚。

（2）持久。

（3）热心。

（4）愉快。

5. 体育保健

（1）身体健康。

（2）精神健康。

（3）社会健康。

第五节　终身体育与大学体育

终身体育是随着终身教育应运而生的。学校体育作为学校教育的一部分，也深受终身教育思想的影响，因此，人们参与体育是"终身"的，应是伴随着人终生的主要内容。基于此，所有的人，尤其是作为新时期的当代大学生必须要有一个明确的认识。

一、终身体育与大学体育的关系

按人一生不同的时期，把终身体育划分为三个阶段：学前体育、学校体育、社会体育。大学体育作为学校体育的一部分，是贯彻终身体育思想最为关键的一个环节。

1. 终身体育是大学体育改革与发展的方向

现代社会的发展变化决定了终身体育成为高等院校体育改革与发展的方向。随着科技的快速进步，自动化、信息化发展普遍提升，体力劳动减少，脑力劳动增加；同时，社会竞争日益加剧，压力增加，人类的身心理健康受到严重影响；另外，体育活动由于其自身的特点与功能，受到越来越多的关注。《全民健身计划纲要》强调，要对学生进行终身体育的教育，培养学生体育锻炼的意识、技能与习惯。因此，为适应社会的发展，应在终身体育思想指导下开展大学体育教学的改革。

2. 大学体育是实现终身体育的基础环节

大学体育在终身体育教育中占有极为重要的位置，它是人们参加体育活动与教育的重要过程，是人们参与体育活动的基础阶段，是终身体育的一个重要环节,此阶段受到的体育教育表现得最为系统与规范,是提升终身体育习惯和形成终身体育意识最重要的阶段。有关调查资料显示,人在大学期间体育表现突出,有浓厚的体育爱好,参与的体育活动较多,在中老年时期,都表现出比较明显的体育再认识能力,约占 57.2%,也就是说这部分人基本养成了终身体育意识;另外,这部分中老年人在家庭与社会中又会成为参与体育活动的推动者,并把他们自身参与体育锻炼的习惯与意识自然而然地传播于社会他人,体现出较为明显的社会传播功能。因而,大学体育可以说是终身体育的基础环节。

二、大学体育是终身体育的重要组成部分

人生在世如同旅途,在这漫长旅途中,健康无疑是最为重要的。在除了遗传、环境等影响因素下,人们为保持自身的身体健康,参加体育锻炼便成了一种不可逆的趋势。随着社会的发展,各种身心疾病也随之而来,人类的身心理健康受到严重影响,然而身体锻炼由于其自身的特点与功能,受到越来越多的关注。早在 1978 年联合国教科文组织便通过了《体育运动国际宪章》,其明确提出,必须由一项全球性的、民主化的终身教育制度来保证体育活动与运动实践得以贯彻于每个人的一生。不难发现,大学体育必然隶属于终身教育,而大学体育又是终身体育中的重要阶段,因此,大学体育是终身教育和终身体育不可分割的一部分。尤其是大学生正处在青年时期,身体发育日趋完善和稳定,是人体心理、生理机能形成并发展成熟的关键时期。

大学体育教育阶段是体育教育与锻炼的实践,既能够弥补和提升之前体育教育过程的不足,又能在此阶段建立良好的体育意识,获得科学的体育知识、方法、习惯等,还能对大学生毕业后参与的体育活动产生悠远的

影响。高等教育阶段是人生中接受集体教育的最后一个环节，其体育教育的基础作用，以及与终身体育的衔接、接轨和有机结合等方面的作用，更彰显了大学体育在终身体育中的重要作用。这是高校教育和终身体育在现代化改革与发展中不可忽视的问题。

三、大学体育必须为终身体育奠定良好基础

学校体育工作的基本任务在《学校体育工作条例》中有明确规定，《全民健身计划纲要》中也明确提出，全民健身计划的实施对象是全国人民，重点关注对象为青少年和儿童。学校体育是终身体育的一个阶段，但学校体育又不同于终身体育的其他阶段。其不但要完成学校体育的基本任务，而且是终身体育实践的重要基础。尤其作为学校体育与终身体育的结合，大学体育的基础性作用更显重要。这主要表现在以下几个方面。

（1）大学体育要为终身体育奠定良好的思想基础。高校大学生阶段在文化科学、理想情操、思想意识等方面受到较高的教育层次和水平，大学生的体育意识也逐渐形成并日趋稳定，这也是人们今后生活中参加体育活动和从事身体锻炼的内在原动力。马克思主义哲学告诉我们存在决定意识、意识具有主观能动性的观念，事实也充分证明：人们是有意识、有目的、有计划地参与社会活动的，主观意识强烈，则表现出行为的积极主动；反之，则表现出行为的消极怠慢，甚至表现出不参与行为。因此，在大学体育教育过程中，保证体育教育的科学性和体育教学过程的完整性是十分必要的，从而让学生形成健康体育意识，养成坚持体育锻炼习惯，以更好地达到大学体育教学任务，为终身体育奠定良好的思想基础。

（2）大学体育要为终身体育奠定良好的能力基础。随着年龄的增长和知识的积累，大学阶段无疑是大学生增长知识和培养能力的大好时

期。在高校教育过程中，要结合体育课堂教学及其他体育实践活动，使大学生能够比较清晰地认识和了解体育，有效掌握科学体育锻炼的方式和方法，既可以有效增强大学阶段的体育锻炼，也为大学毕业后从事体育锻炼提供科学的理论方法，从而为终身体育奠定良好的体育能力基础。

（3）大学体育要为终身体育奠定良好的体质基础。大学生正处在青年时期，身体发育日趋完善和稳定，是人体心理、生理机能形成并发展成熟的关键时期，能参与较大负荷的身体活动，对外部环境有较强的适应能力。在这一时期，人体生理机能最为旺盛，有必要从事更全面、更大负荷的锻炼，以促使身体发育和生理机能提升到生命的最佳水平。有专家指出，人们的健康状态和生命质量与其青年阶段的发育和生理功能水平成正比关系。因此，大学体育教育应充分提升大学生的体质健康水平，从而有效延缓成年后身体机能衰退速度，以最大限度地延长人的寿命。大学体育教育作为一个承上启下的衔接阶段，必须要为终身体育奠定良好的体质基础。

（4）大学体育要为终身体育奠定良好的社会服务基础。大学生是我国社会主义现代化的建设者和接班人，他们从小学到大学受到了长期系统的体育教育，具备较强的体育意识、理论及技能，良好的体育锻炼习惯，拥有比较优秀的组织能力和社会责任感等，当大学毕业以后迈入社会，一定成为终身体育和国家全民健身活动的主力军，并成为一支强大的业余的社会体育组织、指导力量。因此，大学体育应在这个层面发挥作用，为发展全民健身活动和终身体育奠定良好的社会体育服务基础。

四、大学体育是实施终身体育教育的步骤

终身体育是指根据人体发展变化的规律、身体锻炼的影响，以及现代社会的发展变化对人提出的需求，随着终身教育的发展应运而生；同时，

根据人的不同发展阶段（如幼儿园、各级学校、工作阶段和离退休后各年龄阶段等）和不同人群的特殊时期，都应建立和完善终身体育的组织系统。利用科学的理论和手段指导人们终身从事体育锻炼，是我国发展社会主义体育事业的一项重要任务，也是终身教育内容的扩展和补充。

终身体育所研究的对象是指一个人在不同时期、不同生活领域中的个人因性别、职业、生活环境的不同，以及在不同发展阶段、不同健康状态下所应从事的体育锻炼的内容、特点、形式和条件。终身体育的特点是不仅要具有广泛的系统性、完整性和指导性，还应具有较强的实用性，即对不同的人具有比较明确的针对性。

（一）终身体育观念形成的程序

终身体育思想的形成除了受到终身教育思想的影响，还受到了体育自身的特点、功能、社会经济发展和人们生活方式变化的影响。社会发展是终身教育和终身体育的前提，从个体的层面上来说，都是为了以个人如何适应社会发展的需要作为起点的。人类社会的各种教育，都是围绕着培养人的全面发展的问题而发展出来的。

终身体育不仅是单纯强调某个阶段的体育，而且是家庭、学校、社会体育整个环节的体育。我国群众体育所包括的内容与终身体育所包括的内容大体相同，但存在着不同的特点，也就是两者在一些方面有所区别。对终身体育的理解，不能局限于学校体育阶段，也不能局限于某个人参加终身身体锻炼，终身体育的范畴包括从胚胎开始，到死亡终结，在这期间应随时实施有效的举措确保机体的正常生存与发展。

发展我国的群众体育，要以终身体育思想为指导，实现全民的终身体育化，人人坚持终身进行身体锻炼，就能达到群众体育的广泛普及与经常化。相反，群众体育的有效发展，也促进了终身体育的落实。从某种意义上来看，群众体育着重强调普及性与经常性，终身体育则着重强调不同时期的人进行体育锻炼的持续性，两者谈论的角度不同，但最终的目的是统一的。

（二）终身体育的内容与方法的选择

高等院校终身体育教育的目的，是使学生增强体质、掌握终身体育锻炼的理论和方法，培养学生自己设计运动方式的能力，为普及和推广终身体育锻炼做出努力。

如何选择正确的锻炼内容和方法呢？首先，应充分了解和掌握体育锻炼的基本方法；其次，根据个体自身的特点和外部环境的客观条件。具体表现在如下几个方面。

第一，目的明确。终身体育的目的是实施体育锻炼内容的根本依据。终身体育的目的既有阶段性又有长远性，既有直接目的又有间接目的，所以，个体要依据自己的身体情况，明确身体锻炼的目的，而后选择一项能够实现自身锻炼目的的锻炼项目。例如，要发展力量，那么就要明确是发展上肢力量还是下肢力量；要发展耐力，就要明确是发展有氧耐力还是无氧耐力等，都要非常具体化。这样，就能使锻炼的内容合理，锻炼的方法得当，也就能有的放矢地实现自己的锻炼目的。

第二，讲求实效。参加体育锻炼要讲求实际效果，在项目的选择上要有针对性，要注意所选运动项目的特点、作用和实用价值，使自己用较少的时间获取最佳的效果，从而达到强身健体的目的。

第三，切实可行。选择身体锻炼的内容和方法，必须结合实际，使自己选择的内容和确定的锻炼方法切实可行，具备科学依据。

第四，适时为宜。气候、季节的差异对身体锻炼内容的选择具有一定影响，因此，在选择锻炼项目时，应根据季节的变化，做出相应的调整。比如，春季选择登山（踏青），夏季选择游泳，秋季选择越野跑，冬季选择滑冰和室内乒乓球等。选定的锻炼内容不可一成不变，要经常变换锻炼内容，提高锻炼的兴趣和加强锻炼的难度，以使身体的机能水平不断得以提高。

五、终身体育对大学体育教学的意义

大学时期是人的思想观念形成的关键阶段，是由学校教育过程向社会实际供职过渡的一个关键期。大学体育教育应利用大学体育课堂教学和学校体育活动的优势，培养大学生终身体育思想，教授学生掌握终身体育实践过程的理论体系，促进学生养成科学的终身体育思想。

1. 在大学体育教学中加强学生终身体育观念的培养

根据教育部门的有关规定，普通高等院校的体育教学每周仅有两个学时，而且部分高校为了加强专业课程的学习，压缩体育教学学时，导致体育课时减少。如果仅靠体育课上仅有的时间进行锻炼，根本不能满足学生身体锻炼的需要，更不能提高学生健康水平。因此，高校应大力提倡在校学生每天运动一小时，培养良好的自觉地参与体育锻炼的习惯。如果在校期间不能养成积极的身体锻炼意识，不能有效培养学生正确的终身体育意识，就更不会有毕业后踏入社会后的自我锻炼。因此，大学阶段注重培养学生终身体育意识，强化终身体育思想，显得尤为重要。

要培养学生终身体育思想，重点在于对学生进行体育理论知识教学，向其传输坚持身体锻炼的观念。学校教育，尤其是体育教育行政机关或者学校，要选用科学性、针对性、指导性、实效性和时代性强的教材，要采用科学有效的锻炼方法，以培养学生终身体育观念为目的的学习内容。要改变过去一贯重实践轻理论的体育教学现实，适时加强理论学习，合理进行体育理论考试，强化学生终身体育意识。因此，培养大学生终身体育思想是大学体育教学过程中的重要内容之一。

2. 大学体育教学是终身体育实践过程的需要

从宏观上来讲，大学体育教学是学校体育教育的最后一个环节，仅仅是终身体育的某一个短暂阶段，但其对养成终身体育的观念有着不可或缺的意义。毫不夸张地说，它还影响着人们对终身体育思想的发展和理解，因此，大学体育教学又是终身体育实践过程的需要。

长期以来，我国的大学体育教育在课程环节和教学内容上未能展现出大学体育的特点和优势，大学体育教学仅仅讲授基本技术、基本知识、基本技能，简称"三基教育"，从而忽略了身体锻炼方法的传授、体育习惯与能力的培养。多数学生毕业之后，不懂如何科学锻炼身体，如何进行体育比赛，如何享受身体锻炼带来的乐趣，如何与人在运动中交流，缺乏一定的终身体育观念。因此，大学体育教学要根据学生的自身特点，提高学生机体、机能的发展，综合提升学生身体素质，强化对外部环境的适应能力，促进学生身心健康；传授科学的终身体育锻炼方法和理论知识，使学生发挥自觉能动性，能够根据自身实际情况科学合理地选择自己的生活方式，科学健康锻炼。

六、高校大学生终身体育意识的培养

1. 加强深层次体育理论知识的传授

授人以鱼不如授人以渔。强制学生运动，不如传授他们科学合理的健身方法，促使他们自觉参加运动。体育健康的相关知识作为一切体育运动的理论基础，对终身体育教育起着不可忽视的作用。因此，大学体育教育在不同层次、年级教学的基础上，使学生掌握运动医学的基础知识，如人体的形态结构特点、生理、心理的主要特点及人体保健、运动损伤及康复等方面的内容，丰富大学生的基本体育知识，充分解析自身状态，进而明白如何进行科学健身、如何有效避免运动损伤的发生等。体育理论知识的掌握，为科学健身指明了方向，从而为终身体育奠定良好的基础。

2. 高校课堂教学模式的转变

在大学体育教学过程中，应根据大学生身心特点来安排教学内容，把传统的竞技化运动调整为以游戏为主的体育活动。大学生的身心日趋成熟，也拥有一定的运动能力，因此要转变以往单一的教学模式和方法，创建高效课堂。树立"健康第一"的思想是学校体育教学的首要任务，提升学生终身体育观念，要在课堂上采用理论知识与练习实践相结合、竞赛与趣味相结合的授课方式，营造一种和谐、轻松的课堂环境，加强师生、学生间互动。这样既能加深师生关系，又能营造科学合理的课堂环境，充分调动学生参与课堂学习的积极性。

3. 创建浓厚的高校校园体育文化氛围

培养大学生终身体育意识，必须要营造浓厚的校园体育文化氛围。大学体育文化主要由体育课堂、早操、课外活动、课间活动、各类体育竞赛，以及体育场地、器材、健身设施等物质条件构成。这些软硬件设施都是促使学生参与体育锻炼的重要因素之一，为提升学生的体育兴趣、提高运动能力、掌握基本技能提供了基本条件。

4. 加强大学生的课外体育活动，完善大学体育社团的建立

大学体育的发展除了以课堂教学为主，还应注重课外体育活动的开展。大力发展课外体育活动是提升大学生终身体育观念和增强运动能力水平的必备因素。如果说学校体育的核心是课堂教学，那么课堂教学的延伸和补充就是课外体育活动。学校应定期组织开展各种形式的体育课外活动，如各种体育竞赛、体育基础知识讲座和师生趣味活动等。

集体比赛类的体育活动可有效激发学生参与体育的热情，运动员间的激烈竞争和观众的加油助威等都可以刺激学生内心参与体育运动的渴望。

并且在比赛之前的准备工作，如标语、横幅等宣传活动，都可以促进校园体育文化的建设。

　　创建大学生体育社团是营造良好校园体育文化的重要手段。大学生体育社团是由一群有着共同兴趣爱好的学生组织建立，学生根据自身的兴趣与体育特长自愿加入，参与学生的增多，大家相互之间在运动中相互交流，从而提升了学生身体素质和运动能力水平。因此，高校应大力鼓励学生进行体育社团的创建，多创造体育活动，让学生通过社团来充分展示自身的运动特长，并且能够吸引更多的学生感受到运动的魅力。大学生社团的建立提升了学生参与体育运动的积极性，使其感受到运动带来的热情，从而促进其养成终身体育的思想。

第三章

体育活动与动机、兴趣和态度

动机、兴趣、态度在学生的心理发展过程中是具有重要作用的三个要素，因此要使学生养成终身体育锻炼的习惯，就要了解大学生对体育的动机、兴趣、态度等，本章将详细阐述体育活动的动机、兴趣和态度的相关内容。

第一节　体育活动与动机

一、动机概述

动机是直接推动一个人进行活动的内部动因或动力。人的行为动机是生理组织和社会组织要求相结合的产物。前者是形成动机的自然基础，后者是形成动机的社会基础。

学者通常以人们参与的具体活动来命名其背后的动机，譬如学习动机、运动动机。在竞技场上，优秀运动员为了实现年少时的梦想，百折不挠，最终达到运动生涯的顶峰；在体育课中，学生为了学会老师传授的动作，刻苦练习，运动技术日益提高；在健身馆中，健美者为了追求完美体形，每天坚持科学膳食和锻炼，最后拥有了匀称健美的身体。"是什么样的力量激发了运动员的行为，并使之朝向目标，持之以恒？""是什么样的原因支配着体育爱好者克服重重困难，为了实现目标不断地调整自己的锻炼行为？"这些都是运动动机的问题。

（一）动机的概念

所谓运动动机是指人们为了实现理想目标而启动、调整并维持运动训练、比赛及体育锻炼行为活动的心理过程或心理动力。它是推动个体参与运动训练与身体锻炼活动的内部动因。而个体在运动训练与身体锻炼过程中所表现出来的行为上的努力和坚持就是他们运动动机的外在表现。

动机的产生取决于两个条件：一是个体的需要，即内驱力；二是行为的目标，即诱因。当一个人的需要未能得到满足时，他自身处于一种不平衡的状态，体内会产生某种内部力量，推动他采取行为活动以满足需要，实现躯体的平衡。强身健体、提高运动技能、寻求乐趣、获得归属感、在运动中实现个人价值、社会交往等都可能是推动人们参与运动、坚持锻炼行为的需要。诱因是指激起动机的外部因素，即各种能够满足需要的刺激物。设备齐全的锻炼场所、大量能够提供专业指导的教练员、拥有共同运动爱好的同伴等都可能是能够满足人们在体育运动中各种需要的诱因。内驱力和诱因对动机的作用是不分先后的。任何一种动机的激发，都不能单靠其中一个因素起作用。当对体育领域的需要即内驱力与诱因相适应时，二者会形成内部动力即动机，激发人们采取各种运动和锻炼行为。当人们的需要得到满足后，诱因的吸引力降低，动机的强度也随之减弱或消失。内驱力和诱因这两个基本条件决定了动机的特性。另外，动机是一种无法观察的内在过程，与其他心理过程相比，它具有动力性、方向性、隐蔽性和复杂性。

（二）动机的基本特性

1. 动机具有动力性

动机可以引起个体的行为反应，并使之发生改变。个体的行为反应的激活、坚持性和活动强度的大小都是动机动力性的特征。例如，坚信锻炼有益于健康的老年人在活动强度、持续时间及活动频率方面上表现得更加积极一些。反之，无锻炼动机的老年人的锻炼行为表现较少，并且无法持久。

2. 动机具有方向性

方向性是指动机使个体的行为指向一定的目标或对象。例如，在运动动机的支配下，人们去田径场、网球场或高尔夫球场等活动。目标是激发行为的真正原动力，是个体需要的所在。因此，个体的需要不同，他所追求的目标也不同。动机具有不同的方向，所激发的行为因此不同。

3. 动机具有隐蔽性

隐蔽性是指动机是一种内部的心理过程。人们只能根据个体当时所处情境及其行为表现推断个体行为的原因。例如，一名运动员在赛季结束后不是调整休息而是更加刻苦地训练。可以通过他当时赛季获得的运动成绩、平时的一贯表现及训练的努力程度、坚持训练时间的长短等因素做进一步考察，以对这名运动员的运动动机给出较准确的推理性的解释。

4. 动机具有复杂性

复杂性是指动机产生因素的多重性及对行为调节的多样性。动机的产生受到个体内部和外部影响因素的作用。例如，一名运动员在大赛前的获胜动机受他的生理激活水平、对比赛的主观认知、个性等内部因素的影响。同时，队文化、教练员和家长的期许等诸多外部因素也会影响着他的获胜动机。个体某一种动机在不同情境下，可能引起不同的行为。例如，在获胜动机的驱使下，有的人在比赛中表现得过于冲动，而有的人则显得相对冷静，这表明动机不是在简单地起作用。

从动机的特性上可以看出，动机对人们行为反应和活动主要具有激发功能、指向功能及维持功能。动机的激发功能可以提高个体的唤醒水平，使其进入活动状态，并保持注意力的专注。例如，高水平运动员在比赛中的获胜动机会使他的注意力高度集中，并会促使他主动做出有可能赢得胜利的行为。动机的指向功能使个体的行为朝向某一特定目标，使个体有选择地进行某些活动。例如，在闲暇时间，一个人是选择看电视、读书，还是选择外出运动，常常是受动机的指引。动机的维持功能可以使个体的行为不断得以调节，最终使个体为了实现目标而强化或改变行为的方向和强度。例如，为了登上奥运冠军榜，运动员不仅在思想上要抵御各种外界诱惑，还要在行动上自我约束，长年训练如一日，保证实现目标的有效练习时间和强度。

（三）动机理论

动机是人类和动物行为的直接原因，但它是一个抽象的概念，看不见也摸不着。在心理学发展的历程中，对这一概念的解释层出不穷，形成了各种动机理论。本节重点介绍的强化理论、需要层次理论和成就动机理论，对人类行为做出了独特的解释。

1. 强化理论

人的行为倾向完全取决于先前的行为与外部刺激之间受到强化而建

立的牢固联系。简而言之，强化促使了某种行为动机的产生。强化是指跟随在一个行为之后，并使该行为出现的可能性增加的条件，可分为正强化和负强化。在斯金纳箱中的大白鼠，在胡乱跑跳的过程中会偶然按压箱子里的开关，得到食丸（强化物），这种情况重复几次之后，大白鼠会频繁地主动按压开关。这种强化就是正强化，即通过在行为之后呈现令人满意的刺激而使该行为出现的可能性增加。在另一种情况下，斯金纳箱的底部通了电，大白鼠一进入箱中就饱受电击之苦。当它偶然按压箱子里的开关时，电击停止了（强化物），这种情况重复几次后，大白鼠按开关的行为也会变得频繁起来。这种强化就是负强化，即通过在行为之后去除令人厌恶的刺激而使该行为出现的可能性增加。虽然早期的行为主义者顽固地反对研究动机这种难以观察和测量的内部过程，但是，不论是负强化，还是正强化，其效果都是使某种行为出现的可能性增加，这实际上就是使得这种行为的动机增加了。

有一个概念必须与强化区分开来，那就是惩罚。惩罚是指跟在一个行为之后，并使该行为出现的可能性减少的条件。同强化一样，惩罚也分为正惩罚和负惩罚。正惩罚是指一个行为发生之后呈现某种刺激，从而使这种行为出现的可能性减少。例如，运动场上对恶意犯规的运动员进行逐步升级的警告，目的在于尽可能地降低犯规行为发生的可能性。负惩罚是指一个行为发生之后撤销某种刺激，从而使这种行为出现的可能性减少。如对使用兴奋剂获得成绩的运动员，会采用剥夺其荣誉的方式进行惩戒。惩罚会削弱某种行为的动机，强化会增强某种行为的动机，这是两者之间的本质差异。人们在生活和工作中使用强化和惩罚的例子非常多。当我们想要塑造某种良好行为时，就要用到强化。而当我们需要消除某种不良行为时，就必然要用到惩罚。值得注意的是，心理学家认为，在对待儿童时，惩罚的效果是有限的。

不同的强化程序能够产生不同的动机强度。行为之后给予的强化可以是连续的，也可以是间歇的。连续强化是对有机体的每个反应都予以强化，如大白鼠每次按压开关都能得到食丸。间歇强化是间隔一段时间，只对部分行为给予强化。在这种强化程序下，大白鼠并不是每次按压开关都能得到食丸。那么在间歇强化程序下，大白鼠按压开关的热情会降低吗？恰恰相反，与连续强化程序相比，在间歇强化程序中大白鼠按压开关的反应与连续强化程度中的反应一样多，而且，间歇强化程序中大白鼠的行为更难消退，这就是说，间歇强化程序能产生更加持久的行为动机。

总的来说，强化理论强调外部奖励对动机产生和动机维持的效用。如果想要让人产生进行体育锻炼的动机，就应该在他完成一定程度的锻炼后给予奖励。同样的，如果想让运动员能有动力维持日常较为辛苦、枯燥的训练，就应该让他们在取得良好成绩之后，获得与之相配的奖赏。但是也有人认为，外部奖励有时候会削弱动机。比如孩子们喜欢踢足球，即使他们并不能从中获得任何物质上的奖赏。这时如果有意识地对其自发活动进行外部奖励，那么效果可能并不是使他们更加努力地踢足球，而是使得其原本具有较高水平的内部动机下降。也就是说，他们不再是为兴趣、爱好而从事踢足球，而是为了所谓的奖励。这进一步可能产生的问题是，当不再给予奖励的时候，踢足球可能会逐步消退掉。又比如家长如果向孩子许诺，参加运动锻炼就能获得10元钱作为奖励，可能就会使孩子为了得到外部奖励而运动。当他们感到运动锻炼的原因是为了物质或金钱时，就会变得给钱就愿意锻炼，不给钱就偷懒。

人类毕竟不是大白鼠，其大部分动机具有自发性和主动性，并不都是由环境中的强化条件塑造而成的。因此，在运动与锻炼领域，若要使个体的运动动机在较长时间维持在较高水平，要慎用表扬、奖励等外部强化手段，应该注意引导其内部动机发挥作用，并注重树立合适的榜样，帮助其建立合理的内部标准，这样他们就可以根据自己的标准进行自我强化。

2. 需要层次理论

人本主义心理学强调研究人类在生物进化过程中已经形成的一些特有的人的属性，如人的需要、人的潜能、人的价值。马斯洛提出，人有五种基本需要，分别是生理需要、安全需要、归属和爱的需要、尊重的需要、自我实现的需要。这五种基本需要又可以分为两大类：缺乏性需要和成长性需要。缺乏性需要可以用有机体内部的不平衡状态导致紧张这种理论来解释，是对个体内部环境或外部生活条件的一种稳定的要求，包括生理需要、安全需要、归属和爱的需要及尊重的需要这几种，它们会因缺乏而引起紧张感，因得到满足而削弱紧张感。而成长性需要，如自我实现的需要，其满足不是为了缓解紧张，而是为了不断获得新的满足，更多地发挥自己的潜能。下面来看看这五种基本需要的内涵。

（1）生理需要

生理需要是与有机体的生存和繁衍有关的需要，是人和动物所共有的需要，如对食物、水、氧气、性、排泄和睡眠的需要。这些需要在所有需要中占绝对优势，是人的需要中最基本的、最强烈的、优先于任何其他的需要。如果一个人的生理需要长期得不到满足，如常年的饥饿、口渴或其他生理需要的匮乏，个体将会产生强烈的紧张，甚至会改变他对事物的看法，长期饥饿的人会认为最大的幸福就是有足够的食物，但一个人如果有了足够的食物保障，就会产生更高级的需求。

（2）安全需要

生理需要得到基本保障后就会出现安全需要，包括对人身安全、社会安定、生活保障等的需要。安全需要使个体寻求一个能够让生命避免受到威胁的环境，是人和动物共同的需要。只不过，当动物或儿童安全受到威胁时，会不加掩饰地表现出来，而成人则不一定能从外表看出来。当未来不可预测或者社会秩序处于动荡不安时，可以从人们的选择看出安全需要的作用。如中国人对房产的执着。另外，有些人会维持并不幸福的婚姻，因为害怕失去保障，这也是受安全需要的驱使。

（3）归属和爱的需要

当前两种需要基本得到满足后，归属和爱的需要就会显现。人人都渴望在家庭、组织及各种社会关系中找到归属感，能够给予爱并获得爱。比如，希望有知心的朋友、亲密的爱人和可爱的孩子。马斯洛认为爱有两种形式：一种是匮乏之爱，这是自私的爱，总希望占有他人；另一种是存在之爱，是一种基于成长而非占有的爱，是对他人的一种深切关注的态度，包括给予和接受他人的爱。爱的需要得不到满足，人就会觉得孤独寂寞和空虚无助。值得注意的是，这种需要与爱情并不能完全画等号，因为后者还受到强烈的性驱力的作用。

（4）尊重的需要

尊重的需要包括自尊的需要和对来自他人的尊重的需要，前者包括对实力、成就、优势、胜任、自信、独立和自由的需要，后者包括对地位、声望、荣誉、支配和赞赏的需要。一个正常的人都希望获得别人的积极评价，也需要自我感觉是有能力和有价值的。如果这些需要得不到满足，即使衣食无忧，高朋满座，也会丧失基本的自信，感到自卑和无能。马斯洛认为，最健康稳定的自尊建立在当之无愧的来自他人的尊敬之上，而不是建立在外在的名气和虚伪的奉承之上。

（5）自我实现的需要

所谓自我实现，就是指个人特有的潜在能力得到充分的发挥。它是人的所有需求中的最高目标，也是完满人性的体现。在上述四种匮乏性需要得到一定程度的满足，不再急迫时，人就会开始想要实现自己生命的价值，完成与自己能力相符的事情。运动员要挑战自己身体能力的极限、科学家要探寻这个世界的奥秘、厨师要做出味道鲜美的食物……这样他们才会感到满足。在这个过程中，个体的目的不是补偿匮乏、消除紧张，而是扩展经验、充实生命。

需要层次理论认为，人的行为由多种需要驱动，但是，追求自我实现最体现人的特性。竞技运动强调"更高、更快、更强"，它本身就是一个需要不断突破自身潜能的领域。因此，这里是自我实现的最佳场所。实际上，马斯洛在提到自我实现者时，就包括了成功的运动员。但是，需要层次理论也强调，高层次的需要在低层次的需要得到基本满足的前提下才会出现。如果运动员感到没有被人爱，或认为自己无能，那么他们就不可能有强烈的动机去实现更高层次的目标。相反，如果能够与教练员和队友保持良好的关系（爱和归属的需要得到满足），同时对自己的技术水平很有信心并得到公认（尊重的需要得到满足），他才会有动机去追求突破，实现更高的境界。因此，在运动员参与运动的整个过程中，他的各方面的需要是否得到满足，对训练动机、参赛意愿等方面会产生重要影响。而在个体参与体育锻炼的过程中，往往会有许多团队的练习、游戏和比赛活动。这些练习、游戏和比赛活动对维持个体的锻炼动机是比较重要的。因为团队活动往往要求参与者之间相互帮助、关心、交往和支持，每个人都是团队的一个分子，在团队活动中都要承担一份责任、献出一份力量、发挥一份作用，这在一定程度上能够为满足个体的归属、爱与被爱、获得尊重等需要提供大量的机会。为什么大妈们爱跳广场舞，可能在很大程度上是因为在这个活动中能找到归属感。有不少人正是为了寻求归属感而参与体育锻炼。

3. 成就动机理论

成就动机是个人追求成就的内在动力，即争取成功、做事希望精益求精的动机。成就动机有三层含义：一是指个人追求进步以期达成希望目标的内在动力；二是指从事某种工作时，自我投入、精益求精的心理倾向；三是指在不顺利的情境中，冲破障碍克服困难奋力达成目标的心理倾向。成就动机高的人和成就动机低的人在行为方式上存在很大的差异。成就动机高的人会坚持完成更多的作业且保持高教，他们常常表现出极强的自我控制能力，永不满足，不断开拓，时刻准备迎接变化和挑战。总的来说，成就动机高的人有以下三种特点。

一是，成就动机高的人寻求那种能发挥其独立处理问题能力的工作环境。具有强烈的成就动机的人追求的是在争取成功的过程中克服困难、解决难题、努力奋斗的乐趣，以及成功之后的自豪感。如果掷骰子（成功的机会是 1/3）和研究某个问题（成功的机会也是 1/3）成功的概率相同，成就动机高的人会选择研究某个问题而不是选择掷骰子，因为掷骰子完全凭运气，没有主观努力的机会。

二是，成就动机高的人喜欢那种能够得到及时反馈的任务，因为这样他们就能了解自己做得究竟有多好，或者是否取得了进步。简单来说，他们喜欢当销售员，而不是当老师，因为后者的成效要等很多年之后才能显现出来。

三是，如果可能的话，他们喜欢难度适中的任务，太容易的任务和太困难的任务都无法引起他们的兴趣。成就动机高的人喜欢设定通过自身的努力才能达到的奋斗目标。成败可能性均等才是一种能从自身的奋斗中体验成功的喜悦与满足的最佳机会，他们在这样的工作中表现得最为出色。他们不喜欢成功的可能性非常低的工作，因为即使取得成功，碰运气的成分也很大，跟自己的努力无关。同样，他们也不喜欢成功的可能性很高的工作，因为这种轻而易举就取得的成功对他们的自身能力不具有挑战性，因此也不能给他们带来成就感。

竞技运动是一种典型的成就情境。而运动成就动机是指运动员在参与运动的过程中，确定目标、奋力拼搏、力求获胜的心理过程。它是高水平运动员最重要的心理特征，也是决定运动员运动成就的主要因素，对运动员运动技术水平的提高和优异运动成绩的创造具有重要意义。具有较高运动成就动机的运动员在竞争中不惧困难、不畏对手、好胜心强，在任何对手面前都全力以赴。研究表明，成就动机对运动员长期目标的实现极为重要，优秀运动员多年如一日地执着进取，不断拼搏，运动成绩显著，成就动机是一个很重要的推动因素。年龄、身体和技术等条件相近的两个运动员，一位取得好成绩后，立即给自己定出新的目标，继续努力拼搏，力图"更上一层楼"；而另一位刚刚取得好成绩，运动潜力尚未充分发挥，就"见好便收"，退役改行。这就是成就动机上的差异。那么，如何才能培养运动员的成就动机呢？如前所述，成就动机是一种社会性动机，可能通过在社会环境中的培养而得到改善。除了父母之外，教练员对运动员成就动机的养成也起着十分重要的作用。教练员对运动员的评语是激发运动员成就动机的有效方法。此外，教练员是运动员团队的领导，他的成就动机水平会影响团队的气氛，对运动员的动机水平有潜移默化的作用。

二、体育动机的种类

按照不同的分类方法，可以将体育动机分为不同的类别。

（一）内部动机和外部动机

根据动机的来源可以将动机分为内部动机和外部动机。即来源于客观外部原因的动机称为外部动机；来源于主观内部原因的动机称为内部动机。

通常外部动机以社会性需要为基础，人们通过某种活动获得相应的外部奖励或避免受到惩罚以满足自己的社会性需要；而内部动机以生物性需要为基础，通过积极参加某种活动，应对各种挑战，从中展示自己的能力，实现自己的价值，体验到莫大的快乐和自我效能感。

总体来说，个体参加体育运动的动机完全可能是由内部动机和外部动机共同推动的。这两种动机对体育运动活动都是有意义的。外部动机既可以加强内部动机，也可以削弱内部动机。而且从种意义上说，内部动机或许更具有重要作用。

（1）内部动机更能使人奔向目标，其动力的持续作用时间更长。

（2）一般地说，任务越复杂内部动机越起作用，反之相反。

（3）外部奖励既有可能加强内部动机，也可能破坏内部动机。外部奖励要想强化内部动机必须注意两点：首先，外部奖励要公平、公正地突出个人能力方面的信息，而非社会控制方面的信息。其次，要让受奖励的人认为外部奖励并不是最终的奖赏，而获得成功带来的成就感、喜悦感才是最终的奖赏。

其原因在于，在控制信息方面，当人们利用内部动机去支配任务的时候，所对应的是控制感，而当接受外部奖励而参加活动就会导致自我控制感下降。此外，在内部动机推动下的行为是一个人发挥内在才能的需要及自觉地应对环境的需要所引起的，所以其动力的持久作用更明显。

（二）直接动机和间接动机

这是按活动兴趣的指向特点来分类的。以直接兴趣为基础，指向活动过程本身的动机称为直接动机；以间接兴趣为基础，指向活动的结果的动机称为间接动机。例如，体育学习中有的学生并不喜欢体育活动，他们来上体育课包括进行课余锻炼只是为了获得体育学分。这种动机就属于间接动机。学生体育学习的动机往往由直接动机和间接动机共同驱动，只是不同个体两种动机成分比例不同。

（三）生物性动机和社会性动机

这是根据需要的种类和对象来考虑动机的分类的。以生物性需要为基础的动机称为生物性动机，如因饥饿、口渴而引起的动机；以社会性需要为基础的动机称为社会性动机，如成就动机、交往动机。同时，根据活动所追求的对象可以分为物质性动机和精神性动机。这种分类注意需要与动机的关系，认为需要的性质决定动机的性质。

（四）近景性动机和远景性动机

所谓远景性动机是指动机行为与长远性目标相联系的一类动机；所谓近景性动机是指动机行为与近期目标相联系的一类动机。例如，学生在确定等候课程时，有的是考虑今后走上社会、踏上工作岗位的需要，有的只是考虑眼下是否容易通过考试，他们的择课动机便属远景性动机和近景性动机范畴。远景性动机和近景性动机具有相对性，在一定条件下，两者可以相互转化。远景目标可分为许多近景目标，近景目标要服从远景目标。"千里之行，始于足下"是对远景性动机和近景性动机辩证关系的生动描述。

三、体育运动动机的培养与激发

体育参与动机直接影响着人们的体育行为，因此培养和激发人们的体育参与动机，是体育工作者思考的重要问题。结合前述，在学校领域，培养和激发学生的体育参与动机，可以从以下几个方面入手。

（一）充分满足学生的各种体育活动需要

体育是人类文明发展的产物。在体育情境中，天然具有满足人们各种需要的因素。好动、好奇是儿童和青少年的天性，它们驱动其尝试各种体育活动，并使儿童、青少年在体育活动中得到满足。体育也是一种社会活动，体育活动集体可以给学生带来归属感，促进其交往，满足学生各种社会性需要。体育活动的魅力更在于它鲜明的挑战性和趣味性。在体育活动中，学生可以充分满足追求乐趣的需要，也可提升自己的才能，展现自我，实现自我价值感的寻求。

（二）提高学生的内部动机

提高学生体育参与动机的直接方法是激发学生进行体育活动的内部动机，即让学生充分体验到体育活动过程本身的乐趣。因而在体育教学中，利用不同的教学方式方法，突出体育活动的体验性、技巧性、竞争性、集体性等特点，满足学生在体育活动中感受乐趣、寻求刺激、宣泄的需求，使他们深深体会体育活动过程的愉快，从而提高学生的内部动机。

（三）激发学生的外部动机

体育活动并不总是能够满足学生的需要，学生在挑战和内外部困难面前，动机可能会发生方向的偏离和强度的弱化。这时，教师可利用表扬、批评或奖励、惩罚等外部手段来激励或刺激学生参加体育活动。但在激发学生参与体育活动的外部动机时，教师要考虑到学生的年龄和性别特征等特点，不能让外部动因削弱了学生的内部动机，使学生从为了获得乐趣参与体育活动转变成为了获得教师的奖励和避免惩罚而参与体育运动。

（四）合理的目标定向

体育教师应该根据学生的体育能力和技能水平，为他们设置恰当的目标，以指引学生的注意和行为，激发学生的进取精神，提高学生的努力程度和坚持性，促使学生为实现目标而采取有效地体育学习和身体锻炼的策略。比如，体育活动的奖励要多样化，不应以客观的胜负作为奖励的唯一标准，可设计简易的自评方式，使学生了解自己的进步情形，降低失败的心理挫败感，增加能力的感知。此外，体育活动常常以竞赛方式进行，而且有胜负之分。当失败时，学生感到不如人，或当表现不好或被他人取笑，如果学生觉得自己无法掌握某一个技能或觉得成功并非自己所能控制，他们可能会为了避免失败而不愿尝试。因此，教师在安排体育活动时可以帮助学生设定合理的目标（如闯关），以增加成功的可能性，例如，告诉学生判断成功或失败的标准、设计所有学生都有获胜机会的活动或比赛及依技能高低安排比赛或活动等。

体育运动中目标设置中的 SMART 原则，S 表示"Specific"，即明确性；M 代表"Measurable"，即可以衡量性；A 代表"Acceptable"，即可接受性；R 代表"Realistic"，即实际性；T 代表"Time"，即时限性。一般来讲，要设置明确的、可测量的、难度适中（可接受，有挑战性）、长短结合的共定目标（共定目标可增强学生对目标的认同感和责任感）最为有效。

（五）加强对学生的归因指导

体育活动是典型的成就情境，技能操作的好坏和比赛的胜负随时都在发生，归因比较频繁。学生对自己学习过程所产生的行为结果原因的恰当解释对加强学生学习的内部动机有着重要意义。研究表明，正确的归因是教育的结果。如果归因教育不得当将会导致学生的学习动机被削弱，并影响学生后续学习的情绪、自信心和对未来活动任务的预期。

归因教育可以从以下两方面进行：一是注意归因的全面、客观。即从归因维度和归因因素全方面地客观地进行分析；二是引导学生多从内部可控因素——努力方面归因。以避免自信心下降，维持足够的学习动机水平和期望水平。

（六）合理利用反馈

反馈是通过对技能操作或学习结果的评定、评价及自我知觉使学生了解自己的学习情况，并对后续行为进行调节的过程。根据不同的分类方法，反馈如下。

1. 及时反馈和延时反馈。技能形成的初期更适合使用及时反馈，并要求有足够的反馈次数与频率，而技能形成的协调、完善阶段则更适合采用延时反馈，并可适当减少反馈的数量及频率。

2. 积极反馈和消极反馈。有些研究者也称其为建设性反馈和非建设性反馈。即从反馈信息的内容对后续学生产生影响的性质上来看，有些反馈内容针对性强对学生学习技术动作、掌握运动技能有帮助和促进，有些则没有帮助甚至起反作用（如反复强"再做好一点，再努力一些"等）。

3. 内部反馈和外部反馈。反馈有外部行为结果的知觉也有内部肌肉、关节运动刺激的反馈。在学习的初期，学习者主要通过外部行为结果的反馈来调节、改进技能。有些技能学生自己容易看到结果并识别正主，而有些动作结果的正确性不易辨别的时候就必须依赖于教师的指导来及时提供反馈信息。

从技能的学习和保持过程来说，带有反馈的练习是十分重要的。因此，教师必须加强对学生练习的指导，对学生完成动作的情况及时地给予评价，以避免学生盲目、机械地重复练习，增强学生学习的积极性。

第二节　体育活动与兴趣

一、兴趣的内涵

（一）兴趣的概念

兴趣是积极认识某种事物或从事某种活动的心理倾向。兴趣与需要有密切联系，是在需要的基础上，在社会实践过程中发生和发展起来的。兴趣与注意、情感都有联系。兴趣表现的心理倾向，使人对某种事物给予优先的注意，并具有向往的心情。兴趣在认识过程中具有良好的情绪色彩，并对该事物或活动表现出肯定的情绪态度。如一个人对篮球运动感兴趣，上体育课时，对篮球的内容特别喜欢；积极参加篮球竞赛活动；对篮球运动特别注意，对有关篮球比赛的报道、电视，以及有关篮球运动的一切活动都十分有兴趣。

（二）兴趣的作用

兴趣在人的生活和活动中具有重大的作用。表现在对正在进行的活动具有推动作用，对创造性活动具有促进性作用，对未来活动具有定向作用。

兴趣对活动的动力作用，可以直接转化为动机，或激发人们进行某种活动。学生对体育感兴趣，上课时就能集中注意力，保证清晰的感知，细心观察教师的示范，认真听取教师对动作要领的讲解分析，在体育锻炼时，即使碰到困难，也会努力克服，产生愉快的情感体验。兴趣可以使人开阔眼界，获得知识，丰富心理生活，从多方面受到启发，促进创造性态度的发展。许多人的创造发明，就是由于兴趣的作用而引发的结果。对于儿童少年来说，他现在和将来学习什么，从事什么专业，兴趣的定向作用是很明显的，兴趣可以决定一个人的进取方向，奠定事业的基础。

（三）兴趣的种类和品质

1. 兴趣的种类

兴趣一般分为直接兴趣和间接兴趣。

（1）直接兴趣。直接兴趣是由事物或活动本身的特点引起的。它总是伴随着某种事物或活动而产生，也随着事物的消失或活动的结束而停止。

它具有短暂的性质，故也称为短暂的兴趣。

（2）间接兴趣。间接兴趣是由活动的目的任务或活动的结果所引起的。这种兴趣不会因某一活动的结束而消失。它表现出一个人的意识倾向性，故也称为稳定的兴趣。如学生在体育学习时，碰到困难，技术掌握不好，身体感到不支，对体育活动产生消极情绪，但想到要把自己培养成德、智、体、美、劳全面发展的人，能有强健的身体为"四化"建设服务，就会为将来达到目的而产生兴趣，从而积极、刻苦地学习和锻炼。这种兴趣的稳定和持久，对人的活动更为重要。所以在直接兴趣引起活动之后，要使之转化为间接兴趣，使活动长久坚持下去。

2. 兴趣的品质

人的兴趣在广度、深度、稳定性和效能等方面所表现出来的不同特点，叫作兴趣的品质。兴趣的品质，体现了兴趣的个别差异性。

（1）兴趣的广度。兴趣的广度是指兴趣的范围。广泛的兴趣促使人不断探索和追求，有助于开阔眼界，获得广博的知识，促进智力发展；兴趣狭窄、单调，易使人思想呆滞，办事缺乏机敏。

（2）兴趣的深度。兴趣的深度是指兴趣的浓厚程度。人不可能对所有事物都抱有浓厚的兴趣，而是对某些方面特别感兴趣，并对其实践活动影响深刻。因此，应该在众多兴趣的基础上有一个中心兴趣，这是兴趣的良好品质之一。

（3）兴趣的稳定性。兴趣的稳定性是指兴趣的持久与稳固。有了持久而稳固的兴趣，才能推动人去深入地钻研该事物，从而获得系统而深刻的知识，取得事业的成功。许多著名的科学家，劳动模范，体育先进工作者，都具有对所从事的事业持久而稳定的兴趣，才能百折不挠，取得成功的。

（4）兴趣的效能。兴趣的效能是指兴趣对活动能够产生的效果大小而言。兴趣在不同的人身上产生后，对各人的影响程度是大不相同的。有的人对某种事物有兴趣，马上去了解这一事物，从事有关的活动，有的人则迟迟不去行动，而是望洋兴叹；有的人能克服实践活动中的困难，使兴趣变为现实，有的人则不能克服困难，或尽管周围环境中没有任何困难，也不将兴趣付诸实践。如有的人对体育产生兴趣，但却不从事运动实践，懒于锻炼，仅"纸上谈兵"。这就体现出兴趣的不同效能。

二、体育兴趣的培养与激发

兴趣在体育教学和训练中具有重要的意义。只具有良好的运动素质和能力，对运动不感兴趣的人，不可能有良好的运动表现，不会成为千名优秀运动员。所以对体育活动的兴趣是一种良好的心理品质。对一个优秀运动员来讲，对专项运动的兴趣，是该项目运动员必备的良好的心理品质；对一名学生来讲，如果对体育活动缺乏兴趣，则不可能坚持进行体育锻炼，达到增强体质，促进身心健康的效果。因而，培养良好的兴趣品质，充分发挥兴趣的动力作用，对于培养优秀运动员和青少年的健康成长具有重要的意义。

如何在体育教学和训练中培养和激发学生的兴趣呢？

兴趣是在后天的社会实践活动中形成和发展的。它也可以在后天的社会生活活动中改变。培养和激发学生的体育兴趣，主要要通过体育活动实践。在学校体育教育中，要通过体育教学、课外体育活动和课余训练及结合社会和家庭教育多种途径来培养和激发学生的兴趣。

1. 加强体育学习目的的教育，通过培养学习动机来培养学生的兴趣

教师应加强对学生学习目的的教育，通过培养高尚的正确的学习动机来培养他们的学习兴趣，引导学生把对体育的直接兴趣转化为间接兴趣，

并有意识地把一般的学习兴趣转化为情兴和志趣，使兴趣发挥效能作用。

2. 科学地安排教学内容，教学手段和方法多样化，身心并重，引发学生的学习兴趣

体育教学的内容要适合青少年不同性别不同年龄的生理心理特点，不断更新与丰富新的教学内容，难易适中，要求合理，使学生经过一定努力可以达到，以激发他们的进取心。教学方法与组织形式要新颖多样，生动活泼，既能增强体质，又掌握了知识技能；既使学生尝到体育的乐趣，又陶冶了情操，获得心理的满足，促进学生身心的健康发展，从而进一步激发他们的兴趣。

3. 正确评价学生的学习成绩与态度，适当表扬和鼓励，促进学生兴趣的培养

对于学生的学习成绩和态度，及时做出正确的评价，适当进行表扬和鼓励，可以激发学生的上进心、自尊心、集体荣誉感，从而，有利于兴趣的培养。对学生的正确评价，能使学生进一步产生改进学习的愿望，这种肯定或否定的刺激是一种强化方式。要坚持正面教育诱导，以"差生"的批评要注意方式方法，要考虑学生的个性特点和师生间的心理气氛。

4. 结合体育教材内容的特点，利用竞赛因素培养与激发学生的兴趣

由于体育运动所具有的竞赛的特点和学生喜欢合群、竞争的心理，在体育教学和训练中，根据不同教材的内容，合理运用竞赛和游戏的方法，可以提高学生学习和锻炼的积极性，从而培养和激发学生的体育兴趣。

此外，还可以通过各种体育活动形式和手段，创设良好的体育情景和开展各种体育宣传、娱乐活动，配合社会和家庭的教育，针对学生的实际问题来培养和激发学生的体育兴趣。

第三节　体育活动与态度

一、态度的概念与成分

（一）态度的概念

态度是个人对他人、对事物的较持久的肯定或否定的内在反应倾向，它是个体通过同社会环境中的各式各样的人和事物直接接触的经验而形成的，在一定程度上是稳定的，可以看作是反映了人的个性的一个侧面。

人们在认识客观事物或在掌握知识的过程中，不是被动地去观察、想象和思维，也不是毫无区别地去学习一切，而总是对人对事物先抱有某种积极、肯定的或消极、否定的反应倾向。这种反应倾向也是一种内在的心理准备状态，它一旦变得比较持久和稳定，就成为态度。例如，一个爱好体育的学生，他在收听新闻、观看电视节目，借阅书刊和在参加各种活动时总是倾向于选择有关体育的信息和积极参加体育活动。而对体育持有不同态度的学生总会表现出不同的反应倾向。

态度是一种内隐的反应倾向，但它或多或少、或迟或早会在外部行为（包括表情、言语、举动）中得到显露。要了解学生对学习和活动的态度，就必须根据他们的外显行为进行推断。

（二）态度的成分

在态度的组成成分中，包括认知、情感和行为倾向三个要素，其中情感要素（如喜爱或厌恶、尊敬或蔑视、同情或冷漠）则是它的核心。态度的行为倾向是行为的准备状态，态度的认知成分和情感成分都影响行为的意向，使其产生积极或消极的作用。而情感往往是态度最真实的表现，它不像言语表态那样容易乔装打扮。因而测量态度的重要方法之一，是测量被试者对某一事物或活动的喜爱和厌恶的程度。例如，尽管有的同学对体育教育意义有所认识，但在情感上不喜欢这个专业，因而缺乏行为的意向，表现为学习不积极，专业思想不巩固。这可以说是情感成分起了重要的作用。

二、体育活动态度的形成与改变

态度是个性在社会化过程中与他人、与群体发生关系而学习得来的。有些态度是经过教育或训练形成的，有些态度是在无意识的情况下，未经过正式的教育而获得的。态度的产生有两种情况：一种是当个人对某一对象还处于无所谓的状态时，由于直接经验或间接经验的影响，而产生某种态度，这叫作态度的形成；另一种情况是当个人已具有对某种对象肯定或否定的态度，由于新的经验的影响，而使原来的态度发生变化，这叫作态度的改变。

（一）体育活动态度的形成

个人态度的形成与他人、团体、社会环境及自己内在的需要有关。

态度的形成必须具有以下四个条件。

（1）需求满足的过程：即在这一过程中，由需求是否得到满足而产生的肯定或否定的态度。

（2）接触的信息：对某对象的态度取决于接触什么信息。

（3）所属团体的特点：团体内指导者和成员所持态度影响到他们更

多的接受何种信息，由此又决定着态度。

（4）人格特质，在其他条件相同时，态度取决于个体的人格特质。如通过体育活动，身心得到锻炼，获得愉快的满足感，或由于体育锻炼使体质得到增强、体格健美，从而有助于完成学习任务和满足参加各种活动的需要，这就有助于形成喜爱体育活动的态度。

由于学生在日常生活和社会生活中获得体育信息或知识的影响，父母、同伴和各种生活环境的因素的影响（如科学锻炼身体的知识，父母或同伴对体育的爱好等影响），也有助于形成积极的体育态度。一个班级、学校对体育活动的重视及开展程度、风气等，即团体规范及期望对个人的态度也常常会无形中造成一种压力，可能使个人对团体的认同感增强，从而表现出与某一团体更相似的态度，如先进体育学校或开展传统体育项目较好的学校，学生一般都具有比较积极的体育活动态度。

此外，体育教学和体育活动条件，如体育课的内容、教学方法、设备、师生的人际关系、指导技巧及环境条件，个人对运动的好恶、运动经验、体力、运动技能、动机、性格等因素，对体育活动态度的形成都具有不同程度的影响。

（二）体育活动态度的改变

态度是在个体的社会化过程中形成的，并随个体与社会的相互作用而不断发展、变化。态度形成后，通常要成为人的个性的一部分，所以要改变这个稳固的统一体就比较复杂。例如，学生对体育的目的任务不明确，参加活动的自觉性不高，通过启发教育，改变了态度中的思想认识部分，但情感扭不过来。他们对体育不感兴趣，或有些兴趣但不能成为爱好，只津津乐道但并不积极参与体育活动实践；有时情感上发生变化，而思想认识跟不上；有时被迫改变了行为倾向，如有的学生因纪律约束而勉强去上体育课，活动随大流，但思想不通，情感并未转变，并没有从消极态度改变为积极态度。

要使学生消极的体育态度转变为积极的体育态度，必须从认知、情感和行为倾向等方面进行积极的引导。

（1）要加强现代体育价值观的教育，从我国的教育方针和体育的目的任务出发，以具体生动的例子教育启发学生端正对体育的态度。

（2）要坚持学校体育活动的制度，利用内外各种因素改变学生已经形成了的习惯性反应倾向。

（3）要充分发挥人际关系的影响并通过班集体的活动，提高对体育功能作用的认识。

（4）教师要更多地给予学生积极的鼓励与评价，创设良好的体育环境和气氛，以促进其积极的体育态度的形成和消极的体育态度的转变。

（5）要通过体育活动实践，使学生体验到"运动乐趣"。如运动基本需求的满足、竞争、挑战、人际关系、自主性活动、观众声援、消遣娱乐、惊险感、体育成绩和技能的进步提高具有运动乐趣和激励因素的影响，发挥情感成分对态度的形成与改变的核心作用，消除学生对体育运动的厌烦心理。此外，对于领导者和体育教师来说，采取劝说式的教育方法对改变学生的体育态度效果更佳。一般来说，可信赖性高的领导，更容易使成员意见向其倡导的方向变化。

第四章

运动训练的原理与方法

第一节 运动训练的理念及创新

一、运动训练理念

（一）教育性训练理念

1. 教育性训练理念的内涵

在运动训练过程中，教练员要重视对运动员的文化教育和素质培养，并注意强调这一方面的重要性，从而使训练和教育紧密地融合在一起，达到训练与教育相结合、相协调、相促进的效果，这对于促进运动训练效果的提高具有积极的作用。

2. 教育性训练理念的理论基础

教育性训练理念的理论基础是多方面的，为了对这一理念有一个更加深入、全面的了解，从以下两个方面来介绍其理论基础。

（1）运动员的健康成长与自身文化教育水平有密切的关系

运动训练是一种社会活动，这一社会活动能否顺利进行，主要取决于教练员、运动员、管理人员和科技人员等相关人员是否能够积极参与运动训练活动，并在活动过程中密切配合。由此可以看出，教练员与运动员这两个运动训练中的主体的知识水平是影响竞技运动发展的重要因素。现阶段，在运动训练过程中，运动员主体性难以得到充分的发挥，而且运动员文化素质的培养也没有得到应有的重视，所以导致了以往运动训练中出现了一系列不科学的现象，训练方法与手段单一，过分强调身体素质、技战术修养、心理素质等的训练，轻视了对运动员文化和人文素质的培养，使得大部分运动员在激烈竞争的训练和比赛中显得力不从心。这就在很大程度上制约了运动的发展，并且导致运动出现滞缓现象。

（2）运动员运动水平的提高与其自身的文化素质水平相关联

现代运动的较量，主要表现在体能、技能、心智能力等几个方面的较量。在某些条件下，心智能力要比体能、技能更重要，尤其是随着运动员年龄的增长，心智因素的影响就显得更为明显。一般情况下，具有较高运动智能的运动员，之所以能够大幅度提高自身的竞技能力，除了能够较为深刻地把握运动的特点和规律，更准确地认识运动训练理论和方法外，还能够对教练员的训练意图有更正确的理解，在高质量地完成预定的训练计划中能够与教练员完美配合。与此同时，更准确地把握运动战术的精髓和实质，在比赛中灵活机动地运用战术，动员和控制自己的心理活动等也是高智能运动员竞技能力水平较高的重要因素。

（二）人文操作性训练理念

1. 人文操作性理念的内涵

运动训练中，人文操作性理念的内涵主要从以下四个方面体现出来：① 强调对运动员的尊严与独立的重视；② 对运动员思想与道德的关注；③ 对运动员权利的关注；④ 对运动员生存状况与前途命运的关注等。

2. 人文操作性理念的理论基础

人文操作性训练理念的理论基础同样是多方面的，下面主要从三个方面来介绍人文操作性训练理念的理论基础。

（1）人的行为的实施在一定程度上受到其自身感知或信念体系的指导

从人文主义、感知经验主义的角度上来说，人之所以能够有行为，主要是因为有人的感知或信念体系的指导。从人本主义的角度上来说，所谓的人文操纵的方法，就是教练员或领导者必须按照他们的信念体系和他们要领导的运动员或人员的信念体系来认识领导工作。

（2）运动水平的提高，基础性的要求是与自然规律和价值规律相符合

运动是自然规律和价值规律的双重存在。现代运动训练要求讲求科学性，并且符合该项目运动的客观规律。因此，为了取得理想的训练效果，在进行运动训练时，不仅要符合科学规律，还要在追求目标与实现目标的过程中符合人类正常的价值规律。除此之外，不仅要体现人文特征，还要将科学性与人文特征相结合、相统一，从而达到真与善的统一。

（3）人的主体性是人文的重点，人与技术的关系因此而更加明确

人文不仅凸显了技术的灵动，而且也摆脱了"技术"对"人"的控制，这就明确了人的主体性及人与技术的关系。运动训练的过程就是教育的过程，教育重视的是发展内在动力，行动力是由内在动力引导而来的。

（三）技术实践性训练理念

1. 技术实践性理念的内涵

在运动训练过程中，运动员的训练不仅要符合运动训练的一般规律，而且还要符合竞技项目的本质特征及规律。运动员本身具有双重性，他们不仅是技术的主体，同时也是技术的客体。技术的物质手段作为客体，与作为主体的主观精神因素是统一的。

2. 技术实践性理念的理论基础

下面主要从两个方面来介绍技术实践性理念的理论基础，同时这两个方面也是运动员在运动训练中要注意的两个要点。

（1）技术实践性理念要与事物的客观规律相符

技术实践性的基本要求就是求真。具体来说，就是运动的技术实践性的训练要符合事物的客观规律，也就是说运动要与运动项目的本质特征及规律相符。所谓的求真，就是在运动训练过程中，要以运动的本质特点和规律为主要依据，科学指导运动训练过程，力争做到结合实际，并且与事物的客观规律相符合。

（2）技术实践性理念要遵循从实际出发的原则

在现代运动训练中，一切都要以符合实战为主，从实际出发和结合实战是对技战术进行训练最有效的方法。运动员只有通过不断的练习，才能够在比赛中有轻松、熟练和优秀的表现。要想取得理想的比赛成绩，一定要做到积极训练，并且训练要与比赛的情况尽可能一致，最大限度地包括比赛过程中出现的所有因素，这样才能取得良好的训练效果。

二、运动训练理念的发展创新

（一）运动训练的理念需要创新思维

回顾运动训练理念的发展，人们不难发现，运动训练理念一直是在科学理论与实践经验的不断冲突和碰撞过程中得到丰富和发展的。科学理论与实践经验的不断冲突和碰撞激发了竞技体育活动过程中的创新思维。在竞技体育活动中，研究者通常把研究对象的顺序、原理、属性、结构、大小等因素通过改变常规思考和处理方向，从而引发创新的理念，例如，力量训练方法中"正金字塔"与"倒金字塔"训练方法的应用、速度与耐力训练过程中组数与次数的逆变性组合都会对运动训练产生一定的影响；在田赛比赛中运动员轮次的变化也深刻地体现了逆变的色彩与效用。徐福生改变足球传统技术训练的教材顺序，从相对较难的运球技术入手，以过人突破技术为核心的侧变思维使得足球技术的掌握明显加快；球类项目中诸多类似"扬长避短""攻其不备"和"黑马奇兵"的战术变化，都是通过部分改变对象的顺序、原理、属性、结构、大小等因素或者是融合了其他思想而引发的创新思维，对竞技体育发展起到了推动作用。

（二）运动训练理念的变化发展

运动训练活动是一种开放的物质活动，总是在不断地拓展和深化，并不是原有物质活动的简单重复，因而必然会产生新情况，涌现新问题。作为训练活动的指导思想也不是一成不变的，当原有的运动训练理念不能有效地阐释新情况和解决新问题时，就要求对运动训练理念进行创新，对运动训练的本质、规律和发展变化的趋势做出新的理论概括。在不同的时期和阶段，随着项目发展的形势和变化的需要，运动队和运动员的具体情况和特点各不相同，训练理念也在不断变化。这种变化反映了人们在使自己的思想符合客观实际，以形成正确的指导思想，促进训练的发展。不过，理念的主观形式与客观实际的统一也不是绝对的，而是相对的，因为人们的认识只能相对地逼近客观实际，而不可能穷尽客观实际。因为事物的发展变化是相对的，不以人的主观意志为转移。随着运动训练实践的进一步发展，原来与客观实际相统一的理念又变得不那么一致了，并且差距越来越大，于是又需要创新。在当代科学技术快速发展并向竞技运动训练大规模介入和渗透的背景下，运动训练发生了深刻和巨大的变化，教练员的训练理念也在不断进行着补充与更新。实践已经证明，一个运动员成绩的快速提高，乃至一个运动项目水平的快速发展，往往都与教练员训练理念的补充和更新密切相关。科技的进步、经济的发展、社会的繁荣，为运动训练理念的发展提供了必要的条件，同时也会催生出更新的运动训练理念，而原有的运动训练理念不会像人们所预言的那样进入衰退期甚至是衰亡期，而是经过一段时间的调整后，立足自身的优势，借鉴其他学科的长处，对自身进行有效的改造而获得新的发展。

第二节　运动训练的原理及原则

一、运动训练的基本原理

（一）运动训练的运动学基础

运动学基础主要指的是运动技能的基础。所谓的运动技能是指人体在运动中掌握和有效地完成专门动作的能力，也就是在准确的时间和空间里大脑精确支配肌肉收缩的能力。提高运动技能依靠人们对人体机能客观规律的深刻认识和自觉运用。

1. 人体运动系统的构成

（1）肌肉

肌肉组织主要由肌细胞组成，肌细胞为细长的细胞，故亦称肌纤维，是肌肉的基本结构和功能单位。每条肌纤维外面皆由一层薄的结缔组织膜包裹，称为肌内膜。数条肌纤维构成肌束，一个个的肌束表面也由肌束膜包裹。肌束再合成从外表看到的一块块肌肉，外面包以结缔组织膜，称为肌外膜。肌肉中，水分约占 3/4，另外 1/4 为固体物质（如能量物质、蛋白质、酶等）。

人在参加运动的过程中，其动力是由骨骼肌不断地运动来提供的，骨骼肌在神经系统支配下，收缩牵动骨骼，维持人体处于某种姿势，或产生人体局部运动，最终促进机体完成运动所需的各种动作。人体内脏器官的活动也离不开相应的平滑肌和心肌的作用。

骨骼肌是指附着于骨骼上的肌肉，是肌肉的一种。骨骼肌在人体内分布广、数量多，是运动系统的主体部分。人体内约有 400 块大小不一的骨骼肌，约占体重的 36%～40%。成年男性约占 40%，成年女性约占 35%。可分为中间庞大的肌腹和两端没有收缩功能的肌腱，肌腱直接附着在骨骼上。骨骼肌收缩时通过肌腱牵动骨骼而产生运动。肌腱由排列紧密的胶原纤维束构成，肌腱内胶原纤维互相交织成辫子状的腱纤维束。肌腱的一端与肌内膜、肌束膜和肌外膜相连接；另一端与骨膜紧密结合。肌腱本身虽无收缩能力，但能承受很大的拉伸载荷，而肌腹的抗张力强度远远不及肌腱。

（2）骨骼

骨骼是由骨膜、骨质、骨髓及血管、神经所构成的，它以骨质为基础，表面被骨膜包裹，内部充满骨髓。骨是人体运动系统的重要组成部分，对运动员的运动训练起着至关重要的作用。但是骨的功能不仅仅体现在它的运动功能上，它还有支撑身体、保护脏器、造血、运动的杠杆、储备微量元素的功能。

（3）关节

关节是骨与骨之间借助于结缔组织、软骨或骨的一种连接。借助它连接起全身的骨骼，从而对整个人体起到支撑和保护的作用，特别是人体的运动更加依赖关节的活动是否顺畅。

关节主要是由关节面、关节囊和关节腔所组成，辅助以韧带、关节内软骨和关节唇等结构。根据关节运动轴的多少和关节面的形状等因素，可以将关节分为单轴关节、双轴关节和多轴关节三种形式。也可以根据两骨间连接组织的不同，将关节分为纤维性关节、软骨关节和滑膜关节。

2. 运动过程中人体机能的变化

（1）比赛前后身体机能变化的基本过程

在运动训练的过程中，多重刺激源作用于运动员机体，引起各器官系统的机能发生一系列变化。依据机能表现形式，大致可分为赛前状态、进入工作状态、稳定状态、运动性疲劳和恢复过程五个阶段。

① 赛前状态

运动员在训练前，某些器官、系统产生的一系列条件反射性变化称为赛前状态，赛前状态可出现在比赛前数天、数小时或数分钟。

② 进入工作状态

在训练活动开始后，虽然经过了一定的准备活动适应，但是人体并不能立刻达到最高的水平，而是一个逐步提高和适应的过程，这一过程被称为进入工作状态，其实质就是人体机能的动员。

③ 稳定状态

当机体逐渐适应比赛时，则进入稳定状态，这时，人体的机能活动在一段时间内保持在一个较高的变动范围。

④ 运动性疲劳

机体在运动过程中会产生一定的运动能力暂时下降的现象，一般称之为运动性疲劳。该现象是由运动训练负荷引起的一种正常的生理现象。适度的疲劳可以刺激机能水平不断提高，但发展到一定程度时就会出现过度疲劳，可能会造成机体损伤以致损害健康。

⑤ 恢复过程

恢复是指人体在运动之后，人体的各项生理功能恢复、能源物质补充、代谢物排出等一系列变化。运动时体内代谢过程加强，不间断地代谢以满足运动时能源的补充需要，在运动中及运动停止后能源物质都在不断进行补充和恢复，只不过运动中的能量消耗大于补充，运动后的体内能量消耗慢而小于补充。

（2）一次训练中身体机能变化的基本过程

人在运动的过程中，运动训练负荷作为一种刺激，必然会引起各器官系统机能发生一系列应激性反应。在运动训练前后，这些反应可表现为耐受、疲劳、恢复和消退等不同阶段。

① 耐受阶段

在运动训练开始阶段，人体的各项机能会在一定的水平上维持一段时间，并不会马上表现出衰减或降低，这一阶段称为"耐受阶段"。在这段时间内，由于机体已经从上次训练课中得到不同程度的恢复，会表现出比较稳定的工作能力，能高质量地完成各项训练任务。训练的主要任务正是在这个阶段完成的。

② 疲劳阶段

在经过一定时间的运动训练负荷的刺激，人体会产生一定的疲劳状况，机体能力和效率都会逐渐下降。达到何种程度的疲劳深度，正是训练安排所要达到的目的。只有机体达到一定程度的疲劳，机体在恢复期才能发生结构与机能的重建，运动能力才能不断得到提高。

③ 恢复阶段

训练结束后，即进入了恢复阶段，机体开始补充所消耗的能源物质、修复和重建所受到的损伤并恢复紊乱的内环境。机体在恢复阶段恢复的速率，主要受两方面影响：一方面，身体的耐受阶段持续时间的长短，耐受阶段持续时间越长，则疲劳程度越深，恢复需要的时间就越长；另一方面，运动结束后能量的补充是否及时，能量补充越及时到位，则恢复的速度越快。

④ 消退阶段

超量恢复不会一直持续，它会随着时间的进行而逐渐消失，而如果不及时在超量恢复的基础上施加新的刺激，已经形成的训练效果就可能会逐渐消退。

运动效果保持的时间和消退速率主要取决于超量恢复的程度，所出现的超量恢复现象越明显，保持的时间相对越长。因此，在安排运动训练的内容时，不仅应重视训练负荷安排的合理性，而且必须重视运动训练后的恢复，并在出现超量恢复后及时安排下一次训练。

3. 运动训练对人体运动系统的影响

经常参加运动训练对人体运动系统有着重要的影响，其影响主要表现在以下几个方面。

（1）运动训练对肌肉的影响

参加运动训练能够充分地发展骨骼肌，使其肌纤维增粗，肌肉的体积增大，肌肉力量增加。该项运动能够使肌纤维中线粒体数目增多，肌肉中脂肪减少，从而减少肌肉收缩时的摩擦，即肌内膜、肌束膜、肌腱和韧带中的细胞增殖、增厚、坚实、粗壮；肌肉内化学成分发生变化，如肌糖原、肌球蛋白、肌动蛋白和水分等含量都有增加，从而使 ATP 加速分解，与氧的结合能力增强，有利于肌肉收缩，表现出更大的力量；可使肌肉中毛细血管增多，改善骨骼肌的供血功能。因此，经常参加运动训练的人的肌肉会显得发达、结实、健壮、匀称有力，收缩力强，运动持续时间更长。

（2）运动训练对骨骼的影响

青少年新陈代谢旺盛，在这一时期进行合理的运动训练，对骨的生长和发育有着良好的作用。经常参加运动训练，可使骨表面的隆起更为显著，骨密质增厚，管状骨增粗。这一系列骨形态结构的改变，使骨的抗压、抗弯、抗折断和抗扭转等机械性能得到提高。

骨的这种良好变化，与肌肉的牵拉作用有密切关系。肌肉力量的增加与骨量的增加有着显著相关性，且骨量增加部位与肌肉训练部位有关。当肌肉力量增大，肌肉收缩对骨骼产生的应力刺激可有效提高成骨细胞的活性。

（3）运动训练对关节的影响

定期适量的运动训练可以使骨关节面的密度增加，骨密质增厚，从而越发能够承受更大的运动训练负荷。由于运动训练项目不同，它对关节柔韧性所起到的作用也就不同。如乒乓球、羽毛球、篮球项目，对于参与者的急转、急停能力的要求极高，这就需要参与者拥有良好的关节柔韧性。同时，关节的稳固性和灵活性又是一对矛盾，因为肌肉力量大，韧带、肌腱、关节囊就会增厚，这对关节稳固性和防止关节损伤有很大好处，但这样又势必会影响关节的灵活性。所以，在进行运动训练时，运动者要处理好关节的这对矛盾。

（二）运动训练的生理学基础

1. 物质代谢

食物中包含多种营养素，人体从食物中摄取各种营养物质，经血液循环输送到各人体器官，通过相应的代谢为人体提供能量。糖、脂肪和蛋白质等营养物质经人体吸收后，人体的组织、细胞一方面通过合成、代谢构建和更新自身储存的能源物质，另一方面通过分解代谢（氧化分解）以产生能量。物质代谢又主要包括以下几种。

（1）脂肪代谢

脂肪分解代谢产生的能量是长时间中低强度运动的主要供能物质。人体的肌肉组织中储存着少量的脂肪，在运动时产生一定的能量。当脂肪的动用（氧化）增加时，血浆中的游离脂肪酸即透过肌细胞膜进入肌细胞被氧化，而脂肪组织则水解成甘油和脂肪酸进入血浆中，以补充被消耗的游离脂肪酸。因此，脂肪首先是在酶作用下水解成脂肪酸和甘油来释放能量的。

（2）糖类代谢

食物中的葡萄糖经消化吸收后，汇集于门静脉，经肝进入血液循环，其中大部分运到各组织合成为糖原和含糖化合物，其中最主要的是到肝中合成肝糖原储存，一部分转变为脂肪和氨基酸，血液中保留的一部分糖称为"血糖"，另一部分直接供组织氧化利用放出能量，同时产生 CO_2 和 H_2O 并将其排出体外。糖的氧化分解是供应人体活动所需能量的主要来源，全身各组织都能进行这一反应。糖的氧化分解包括无氧分解和有氧氧化两种主要方式，从本质上来讲，这两种形式是同一过程在两种情况下（缺氧与氧供应充足）的不同反应方式，其反应过程在前一阶段是完全相同的，差别是在丙酮酸产生以后。糖的无氧氧化产生乳酸；氧供应充足时，丙酮酸继续氧化生成 CO_2 和 H_2O，并释放出蕴藏在分子中的能量。

（3）蛋白质代谢

蛋白质是人体生命活动的重要组成部分，也是人体重要的能源物质之一，与机体运动之间存在非常紧密的联系。它在调节机体各种生理功能中起着不可替代的作用。一般来说，蛋白质不能直接提供人体运动所需的能量，为人体提供能量只是蛋白质的次要功能，只有在某些特殊情况下，如长期饥饿、疾病或体力极度消耗时，人体才会依靠蛋白质氧化供能。但蛋白质分解代谢过程中能产生许多物质，对糖和脂肪的供能有着重要的作用，同时，蛋白质的分解代谢和合成代谢平衡是维持人体生命活动的基础。蛋白质主要参与实现人体代谢更新，由于其主要由氨基酸组成，因此，其代谢过程是以氨基酸代谢为基础的。蛋白质的代谢需要很多激素参与调解，如肾上腺素和甲状腺素能促进蛋白质的分解，表现为甲亢时，甲状腺素分泌增加，人体蛋白质分解增加，人体逐渐消瘦；当生长激素分泌增加时，人体蛋白质合成增加，肌肉健壮。

2. 能量代谢

（1）人体物质能量储备

人体通过消化系统摄取必要的能量物质，这些物质在人体中通过生物氧化反应，分解成一些代谢物，同时释放出大量的能量，这些能量通常大部分以热能的形式释放于体外，还有一部分则转化为化学能，储存在一种称之为三磷酸腺苷（ATP）的高能磷酸键中，人体活动的直接能量就来源于三磷酸腺苷的分解，肌肉收缩需要 ATP 供能，消化管道的消化和吸收都需要 ATP 供能。ATP 的重新合成需要糖、脂肪和蛋白质的氧化分解供能。ATP 的再合成有多种途径，就其供能系统而言，主要有以下三种。

第一，磷酸原系统（三磷酸腺苷-磷酸肌酸，ATP-CP）。它是由细胞内的 ATP 和 CP 这两种高能磷化物构成，具有供能绝对值不大，持续时间很短的特点。但是，它供能快速，因为 ATP 是体内唯一的直接能源，所以其能量输出功率最高。

第二，有氧氧化系统。它是指在氧供应充分的条件下，糖和脂肪完全分解生成二氧化碳和水，同时生成大量的能量，使 ADP 再合成 ATP。有氧氧化系统能生成丰富的 ATP，不生成乳酸之类导致疲劳的副产品，它是人进行长时间耐力活动的主要供能系统。

第三，乳酸能系统。乳酸能系统又称为无氧糖酵解系统。它的能量产生是靠肌糖原的无氧酵解，最后产生乳酸，而放出的能量由 ADP（二磷酸腺苷）接受，再合成 ATP，它是在机体处于缺氧的情况下的主要能量来源。乳酸能系统对人体进行能量供应，它的作用与磷酸原系统一样，能在暂时缺氧的情况下迅速供能。

在进行不同项目的训练时，运动者应根据自身的年龄、身体条件及个人需要来选择适合的能量系统作为主导作用的运动项目，同时还要注意所选择的运动手段和项目的科学化。运动者除了选择有氧氧化系统的项目外，还可以适当选择乳酸能系统供能的项目，发展身体的无氧耐力。

（2）运动中三大供能系统活动的关系

在人体运动过程中，人体运动形式的不同，其不同的能量代谢系统提供能量的能力和速率也会不同。磷酸原系统和乳酸能系统都供应能量，但 ATP 和磷酸肌酸的最终合成以及糖酵解产物乳酸的消除却要通过有氧氧化来实现。所以，肌肉活动所需能量的最终来源是糖和脂肪的有氧氧化。人体中磷酸原系统供能的绝对值不大，在运动中维持的时间也很短，但是能在短时间内快速作用。

总体来说，人体在运动过程中，各供能系统之间的关系与运动训练负荷的强度和持续时间密切相关。在 0～180 秒最大运动时，各供能代谢系统的基本活动主要表现为如下特点：在 1～3 秒的全力运动中，基本上由 ATP 提供能量；在完成 10 秒以内的全力运动时，磷酸原系统起主要供能作用；30～90 秒最大运动时以糖酵解供能为主；约为 2～3 分钟的运动，糖有氧氧化提供能量的比例增大；而超过 3 分钟以上的运动，则基本上是有氧氧化供能。

随着人体运动时间的延长，供能物质由以糖有氧氧化为主逐渐过渡到以脂肪氧化为主。总之，人体在运动中，并不是由一个供能系统完成供能的，在有一个主要的供能系统基础上，其他的供能系统也会参与其中，共同完成人体运动所需要的能量供应。每个供能系统都有其独特的特点和供能能力，供能系统不同，所需要的能源物质也不同，运动中的输出功率和供能时间也会有明显的差异。

3. 运动与呼吸

运动员在运动训练的过程中，机体与外界环境之间的气体交换称为呼吸。呼吸系统包括呼吸道和肺，而呼吸道是一系列呼吸器官的总称，这些器官包括鼻、咽喉、气管、支气管。人体的呼吸过程由外呼吸、内呼吸和气体运输三个环节构成。

呼吸系统是氧运输系统的重要组成部分，其主要机能是实现机体与外界环境的气体交换，以使血液中的氧分压、二氧化碳分压、酸碱度维持在正常生命活动所允许的范围之内。人体通过肺实现与外界气体的交换，通过血液实现气体的输送和排出。人体在运动时，机体代谢旺盛，所需氧量及二氧化碳排出量明显增加，呼吸系统加强，所以运动训练（特别是耐力训练）必将使呼吸系统的形态、机能产生适应性变化。

呼吸肌主要是膈肌和肋间外肌。当膈肌收缩时腹部随之起伏，肋间外肌收缩时胸壁随之起伏。因此，以膈肌运动为主的呼吸形式称腹式呼吸，以肋间外肌运动为主的呼吸运动称胸式呼吸。成人的呼吸一般都是混合式的。呼吸形式与年龄、生理状态、运动专项等因素有关。在进行运动训练时，要根据动作的特点灵活转变呼吸方式。

4. 运动与心率

心率是运动生理学中最常用而又简单易测的一项生理指标。在运动实践中常用心率来反映运动强度和运动训练对人体的影响，并用于运动员的自我监督或医务监督中。成年人静息时心率在 60～100 次/分，平均为 75 次/分，但随着年龄、性别、体能水平、训练水平和生理状况的不同而有所不同。

一般来说，人的心率会随着年龄的增长而有所减慢，至青春期时接近成年人的频率。在成年人中，女性心率比男性快 3～5 次/分。有良好训练经历或体能较好者心率较慢，尤其是优秀耐力运动员静息时心率常在 50

次/分以下。在运动的过程中，人的心率会逐渐加快，随着运动强度的增加，心率也会相应地增快，因此，心率也是判断运动训练负荷的一项简易的指标，能够在一定程度上反映运动员的体能水平及运动训练水平。

二、运动训练的原则

运动训练的原则是运动员参加运动训练需要遵循的基本准则。这些原则是在长期的运动训练实践中积累起来的具有普遍意义的概念总结和有关科学研究的成果，反映了运动训练的客观规律。运动训练中运动员如不遵循这些基本原则，盲目地进行训练，不仅不能促进身心全面发展，获得良好的训练效果，反而易引起运动损伤或者运动性疾病，损害健康。下面对运动训练的基本原则进行具体介绍。

（一）竞技需要原则

竞技需要原则即指根据提高运动员竞技能力及运动成绩的需要，从实战出发，科学安排训练的阶段划分及训练的内容、方法、手段和负荷等因素的训练原则。贯彻这一原则可使训练更好地结合专项的特点和专项竞技比赛的需要，提高运动训练的专项针对性、实战性和实效性，争取获得满意的竞技比赛成绩。

贯彻竞技需要原则，需要注意以下几个方面。

第一，要围绕运动训练的基本目标，全面安排好训练和比赛。

第二，正确分析专项竞技能力的结构特点。每个运动项目由于其专项的特异性，决定了其竞技能力构成因素的差异性。对不同专项竞技特点和运动员竞技能力结构特点的分析，正是确定不同项目训练负荷内容的重要基础。

第三，依据竞技需要原则的要求，负荷内容和手段的选择是由不同专项竞技能力的主要因素与运动员自身的具体情况决定的。

第四，注意负荷内容的合理结构，因此，在训练过程中，在熟练掌握合理动作的基础上，应将主要精力放在如何更有效地提高体能水平上，以获得更大的力量、更快的速度和更强的耐力来实现竞技水平的不断提高。同时，对同一项目的不同运动员，还要求根据运动员自身竞技能力的特点和对手的特点，安排好心理训练的内容和手段。

（二）动机激励原则

所谓动机激励原则，指的是促使在运动员以个体为主的运动训练过程中，更好地激励其培养具备良好的运动训练动机和行为，在完成训练任务的过程中更加积极主动的训练原则。在运动训练中，要通过各种合理的途径和方法激励运动员主动从事训练。

遵循动机激励原则就是要不断激励运动员的运动训练积极性和主动性，培养其自我调控能力、独立的思考能力及创造能力。其有如下几个方面的具体要求。

第一，要满足运动员的基本生活需求。实践证明，人们只有在基本的物质得到一定的保障之后，才会进行更好层面的追求。所以，在运动训练中，运动员的物质生活需求要得到一定的保障，同时还要注意其人身安全等。只有这样，才能更好地引导其形成实现自我价值的更高层次的目标和追求，从而才能产生良好的运动训练动机。

第二，要对运动训练的目的性和运动员正确的价值观进行培养，使其逐步形成自觉从事运动训练的态度和动机，引导其从不同的角度和层次认识参与运动训练的意义和价值，培养其正确的价值观。

第三，在运动训练中，要以运动员为主体。这就要求教练员在对运动员进行运动训练时，必须注意以下几个方面：一是明确运动员的主体地位；二是要注意有意识地培养运动员独立思考的能力；三是要引导运动员提高和加强自我反馈的能力，培养运动员进行自我分析和评价的能力。

第四，在运动训练中，要选择科学的训练方式。对于过去那种简单、粗暴的"从严"训练方式，教练员要在正确认识和理解"从严"含义的同时，结合现代科学合理的方式对其进行调整和改变。

（三）适宜负荷原则

在训练过程中，要根据训练任务、对象水平与要求，科学合理地在各个训练环节中提高运动训练负荷量，直至达到最大负荷要求，这就是所谓的适宜负荷原则。因此，首先要以训练任务和对象水平及每个练习的目的、要求、负荷为主要依据来对运动训练负荷进行科学合理的安排。在训练过程中，运动训练负荷要经过加大、适应、再加大、再适应这样一个逐步提高的过程。

在球类运动的训练中，加大运动训练负荷，直至最大限度，首先要从训练任务和运动员身体状况、机能能力和训练水平出发，考虑运动训练负荷安排的合理性。训练过程的不同时期、周期、阶段及每一节训练课的任务都有所不同，运动员承受运动训练负荷的能力也不同，这主要反映在运动员承受负荷能力的大小和恢复的快慢上，以及对负荷强度和负荷量的承受能力上。因此，只有根据训练的不同任务和运动员的训练水平安排运动训练负荷，才是合理的。同时，在运动训练过程中，运动训练负荷的加大必须循序渐进。在加大运动训练负荷过程中要处理好负荷量和负荷强度的关系，掌握好负荷与恢复的关系。除此之外，需要注意的是，运动训练负荷的增加必须达到极限。因为只有极限负荷的刺激，才能将运动员机体的机能潜力充分挖掘出来，并且经过不断地训练形成超量恢复，才能够提高运动员的身体素质和运动水平，才能够达到参加激烈比赛、创造优异运动成绩的要求。

（四）周期安排原则

周期安排原则是指周期性地组织运动训练过程的训练原则。依运动员机体的生物节奏变化规律，竞技状态形成与发展的周期性规律，以及运动竞赛安排的周期性特点，按一定的动态节奏，逐步提高安排训练内容和负荷量度。

贯彻周期安排原则要掌握以下几点。

1. 掌握各种周期的序列结构

了解各种周期的时间构成及其应用范畴，对于教练员在训练实践中贯彻周期安排训练原则是一个必不可少的重要条件。

2. 选择适宜的周期类型

贯彻周期安排时，要考虑到选择适宜的周期类型。例如，确定年度训练的安排时是采用单周期、双周期还是多周期，第一周期的训练应该是加量周期、加强度周期还是赛前训练周期。

3. 处理好决定训练周期时间的固定因素与变异因素的关系

周期安排原则的依据是人体竞技能力变化和适宜比赛条件出现的周期性特征，其中后者是决定训练周期时间的固定因素，而前者则是变异因素。因为重要比赛日程的安排通常与某个项目最适宜的比赛条件的出现是一致的，而且通常在上一年度即已确定。尽管人体本身受着生物节律的影响，但它并非绝对不变，人们完全可以通过训练安排使其在特定的时间里表现出最佳的竞技状态。竞技状态的发展过程是可以由人来控制的，教练员应努力做到有把握地调节这一变异因素，使之与特定的比赛日程安排相吻合。

4. 注意周期之间的衔接

把一个完整的训练过程划分成若干个较小的周期之后，人们往往会忽视各周期之间的衔接，主要表现在注重训练过程的阶段性而忽略了连续性。整个训练过程中不同时间跨度的周期组成了一个连续发展的过程，因此在具体的训练过程中应特别注意周期之间的衔接。

（五）区别对待原则

区别对待原则是指在运动训练中要根据运动员各方面条件及不同训练条件和不同训练任务等，有区别地确定训练任务，对训练方法、内容、手段和负荷有相应的安排。

运动员在身体条件、心理品质和个性特征等方面都表现出明显的差异，因此在训练中要始终遵循和贯彻区别对待的原则。贯彻区别对待原则，有利于发掘运动员的潜力，防止训练中个别人脱离整体现象，只有进行正确的区别对待，有的放矢地进行训练，才能取得良好的训练效果。

（六）直观训练原则

直观训练原则是一种非常重要的运动训练原则，它是依据直观性与动作技能形成的教学论原理所确立的大学生运动员必须遵循的准则。其主要目的是使这些大学生运动员能更有效地完成技术、战术和智力训练的任务。在教学过程中，直观性教学有很多种手段和方法，而且现代运动训练更加强调直观性原则的运用。

运动训练中，尤其是训练初期，遵循和突出教学训练的直观性十分重要，具体来说，应注意以下几点。

1. 合理选用直观手段

选用各种直观手段时要注意选择那些目的性最强、最有成效的手段，并必须明确所选的各直观训练手段所能解决的主要功能，并根据不同对象、不同运动项目和训练内容的特点，选择和应用有针对性的直观手段。

2. 根据运动员的个体特征选择直观手段

选择和运用符合运动员个体的特点及训练水平的直观手段，且对不同训练水平运动员在训练时，应采用不同的直观方法和手段，同时，还要注意采用不同的训练强度。

3. 运动训练中，应先进行直接示范

使运动员掌握到一定的水平后，再通过录像、图解、直接观摩优秀运动员的表演和比赛等手段，同时结合清晰、准确、形象的讲解，以及教练员对运动员技术动作的观察分析，经过研究讨论，来启发训练者进行积极思维活动，并逐步找出体育运动的规律性。

4. 注意掌握运用直观手段的时机和方法

要根据不同年龄阶段运动员的感觉器官发育的敏感发展期的不同，合理地选择和运用直观手段。教师可用语言信号、固定的身体姿势或慢速动作，来加深运动员对空中的方位、肌肉用力情况进行体会等。

（七）系统训练原则

在现代运动训练中，只有坚持进行多年不间断地系统训练，才能对所要掌握的运动技能进行不断重复和巩固，才能完成运动技能系统化积累。另外，这种多年的系统性训练也是在现代竞技运动中获得优异运动成绩所不可或缺的一环。多年的系统训练和周期性训练是贯彻系统性原则的重要手段。

（八）适时恢复原则

适时恢复原则是指及时消除运动员在训练中所产生的疲劳，并通过生物适应过程产生超量恢复，提高机体能力的训练原则。在运动员疲劳达到一定程度时，应依照训练的统一计划，适时安排必要的恢复性训练，采取有效的恢复措施，使运动员的机体迅速得到充分的恢复和提高。

第三节　运动训练的方法及探索

一、运动训练的方法

运动训练采用的方法有很多,具体要根据实际情况和需要进行有针对性的选用,以达到最佳的训练效果,下面介绍几种常见的训练方法。

(一)分解训练法

分解训练法指的是将完整的技术动作或战术配合过程合理地分成若干个环节或部分,然后按环节或部分分别进行训练的方法。在需要集中精力完成专门训练任务,对主要技术动作和战术配合环节的训练进行加强时,适合采用分解训练法进行训练,这样可使训练取得更高的效益。分解训练法有着自己的适用范围,主要适用情况包括技术动作或战术配合过程较为复杂、可予分解,且运用完整训练法又不易使运动员直接掌握的情况,或者技术动作、战术配合的某些环节需要较为细致的专门训练。

单纯分解训练法、递进分解训练法、顺进分解训练法、逆进分解训练方法是较为常见的四种分解训练法类型。

(二)完整训练法

完整训练法指的是从技术动作或战术配合的开始到结束,不分部分和环节,完整地进行练习的训练方法。完整训练法的运用可以帮助运动员对技术动作或战术配合进行完整的掌握;良好地保持技术动作或战术配合的完整结构和各个部分之间的内在联系。

完整训练法具有广泛的适用范围，既包括单一动作的训练，也包括多元动作的训练；既有个人成套动作的训练，也有集体配合动作的训练。但是在不同的范围内运用时，要注意有所侧重。

（三）持续训练法

持续训练法是指负荷强度较低、负荷时间较长、无间断地连续进行练习的训练方法。练习时，平均心率应在每分钟 130～170 次。持续训练主要用于发展一般耐力素质，并有助于完善负荷强度不高但过程细腻的技术动作，可使机体运动机能在较长时间的负荷刺激下产生稳定的适应，内脏器官产生适应性的变化；可提高有氧代谢系统供能能力及该供能状态下有氧运动的强度；可为进一步提高无氧代谢能力及无氧工作强度奠定坚实的基础。

根据训练时持续时间的长短，可以将持续训练法分为短时间持续训练方法、中时间持续训练方法、长时间持续训练方法三种类型。

（四）间歇训练法

间歇训练法是指对多次练习时的间歇时间做出严格规定，使机体处于不完全恢复状态下，反复进行练习的训练方法。运动员在严格的间歇训练过程中，心脏功能能够得到明显的增强；通过运动训练负荷强度的调节，机体各机能与有关运动项目相匹配的适应性变化也会产生；通过不同类型的间歇训练，可以有效地发展和提高糖酵解代谢供能能力；通过对间歇时间的严格控制，可以使运动员在激烈对抗和复杂困难的比赛环境中发挥出更加稳定的技术动作；在较高负荷心率的刺激下，有利于促进机体抗乳酸能力的提高，从而能够保证运动员在较高强度的情况下仍具有持续运动的能力。

高强性间歇训练方法、强化性间歇训练方法及发展性间歇训练方法是间歇训练法的三种基本类型。

（五）变换训练法

变换训练法是在综合考虑实际比赛过程的复杂性、对抗程度的激烈性、运动技术的变异性、运动战术的变化性、运动能力的多样性及中枢神经系统的灵活性等因素的情况下提出的。所谓的变换训练法就是指对运动训练负荷、练习内容、练习形式及条件进行变换，以使运动员的积极性、趣味性、适应性及应变能力得到提高的训练方法。通过运动训练负荷的变换，能够产生机体与有关运动项目相匹配的适应性变化，从而使承受专项比赛时不同运动训练负荷的能力得到提高。通过变换练习内容，能够使运动员的训练更加系统，并使运动员的不同运动素质、运动技术和运动战术得到协调的发展，从而使之具有更接近实际比赛需要的多种运动能力和实际应用的应变能力。

依据变换内容的不同，可以将变换训练法分为形式变换训练方法、内容变换训练方法和负荷变换训练方法三种类型。

（六）重复训练法

重复训练法指的是多次重复同一练习，并在两次（组）练习之间安排相对充分的休息时间的训练方法。采用重复训练法，多次重复同一动作或同组动作，经过不断强化运动条件反射的过程，有利于运动员对技术动作的掌握和巩固。通过相对稳定的负荷强度的多次刺激，可使机体较高的适应性机制尽快产生，有利于运动员身体素质的发展和提高。单次（组）练习的负荷量、负荷强度及每两次（组）练习之间的休息时间是构成重复训练法的主要因素。静止、肌肉按摩或散步通常采用的休息方式。

依据单次练习时间的长短，可以将重复训练法分为短时间重复训练方法、中时间重复训练方法和长时间重复训练方法三种类型。

（七）循环训练法

循环训练法指的是根据训练的具体任务，将练习手段设置为若干个练习站，运动员按照既定顺序和路线，依次完成每站练习任务的训练方法。运用循环训练法可使运动员的训练情绪得到有效的激发，并且使负荷"痕迹"得以累积、不同体位得到交替刺激。每站的练习内容、每站的运动训练负荷、练习站的安排顺序、练习站之间的间歇、每遍循环之间的间歇、练习的站数与循环练习的组数是循环训练法的结构因素。运用循环训练法，可以使不同层次和水平的运动员的训练情绪和积极性得到有效提高；可以使运动训练过程的练习密度得到增加；可以随时根据具体情况因人制宜地加以调整，做到区别对待；可以防止局部负担过重，延缓疲劳的产生，对全面身体训练非常有利。在实践中，循环训练法中有"站"和"段"的说法，其中的"站"指的是练习点，如果一个循环内的站数中，有若干个练习点是以一种无间歇方式衔接，那么这几个练习点的集合可称之为练习"段"。"站"和"段"是安排循环练习的顺序时应该考虑的。

以各组练习之间间歇的负荷特征为依据，可以将循环训练法分为循环重复训练方法、循环间歇训练方法和循环持续训练方法三种基本类型。

（八）比赛训练法

比赛训练法指的是在近似、模拟或真实、严格的比赛条件下，按比赛的规则和方式进行训练的方法。比赛训练法的提出有着一定的依据，包括人类先天的竞争和表现意识、竞技能力形成过程的基本规律和适应原理、现代竞技运动的比赛规则等因素。运动员全面并综合地提高专项比赛所需要的体、技、战、心、智各种竞技能力可以通过比赛训练法的运用而实现。

教学性比赛方法、模拟性比赛方法、检查性比赛方法和适应性比赛方法是较为常见的四种比赛训练法的类型。

（九）综合训练法

综合训练法是指把重复训练、循环训练、变换训练等各种训练法结合起来运用，或者在一组训练中安排技术训练、灵敏训练、力量训练等多种内容的训练方法。

在训练实践中，以上各种训练方法并不是单一的存在和使用的，因此，需要通过综合训练来灵活地调节运动员的训练负荷与休息，使其更圆满地达到训练要求，从而促进运动员运动素质和运动水平的全面提高。

综合训练法变化很多，组合多样，具体可以根据不同性别、年龄、身体状况、锻炼水平的需求进行适当的变化、调整，以期取得理想的训练效果。

随着现代科学技术的进步，运动训练方法从理论到实践不断推陈出新、日新月异。目前，社会各界有识之士非常重视改变传统经验的训练法，借助新的科学理论，运用新模式的训练方法正在不断被尝试和创新。

当前，随着竞技体育运动的发展、科学技术的进步及人们认知的不断提升，运动训练的方法正在向多样化的方向发展，训练方法日益多样化主要得益于运动员和教练员在运动训练方面积累了丰富的经验，因此，他们总结了多种多样的训练方法来指导训练实践。现代运动训练更加注重实效性和技术完善。传统训练方法在运动训练中得到了保存，同时由于高科技手段的引进，新的训练方法在运动训练中不断得到应用，新的训练方法与传统的训练方法相结合，使得运动训练更加科学、有效，正因如此，才促使运动员不断突破极限，在比赛中不断刷新纪录。

二、运动训练方法的创新性探索

时代在发展，科技水平在不断提升，运动员的竞技水平、训练的层次和维度也在相应地提高，这就对训练方法提出了新的要求。

（一）破旧立新

所谓破旧立新，就是要打破原来固定的训练方法，从训练手段、训练思路等方面入手树立新的训练方法。例如，教练员平时要经常对自己的训练方法加以审视，看看自己的训练方法是否已经成为一种思维定式，是否已经过时，是否对运动员训练到一定程度就难以再有提高了，是否训练水平落后于形势的发展，等等。许多陈旧的方面必须通过创新来改变其面貌、改变其效益，从而增强训练效果。立新要以创造性思维去思考、解决各种问题，去寻找新的突破口，开辟新途径，去发现新的思路、观点、方法、手段等，才能获取新的成效。

（二）逆向思维

训练目标、训练计划、训练方法等内容往往容易习惯依据传统观念、经验和权威人士的意见来思考，容易将自己框定在一定的模式中去思考、解决问题，逐步形成了思维定式，慢慢抹杀了创新思维及创新方法的思路。要充分认识到，要适应现代形势发展，就要善于转换思维方式方法，善于用逆向思维法去突破传统的观念、经验或权威人士的束缚，突破陈旧的思维定式，去开创、形成新的思维模式，激励自己树立新思想、新观念，总结新经验，开创新的训练思路，进行新的训练决策等。

（三）克弱转强

运动员在训练过程中，要善于主动地挑战自己的弱点、缺点或不足，并将其作为探索研究的基准点，努力攻克它，使弱转化为强，从中获得创新的成功。假如在训练中，采用某一训练方法而得不到预期的效果，这并非教练员训练方法的问题，而是在于自己的训练方式，这时应该对训练方法加以深入剖析，找出其不足或落后的方面，并加以弥补、修正，或创造出新的训练方法。通过克弱转强法，使训练得出成效。

（四）移花接木

现代知识的综合运用程度越来越高，新成果大量地涌现，知识的渗透力越来越强，综合聚变效应也越来越强。要善于将其他学科中的原理、规律、方法等移接到本领域的运动训练理论体系中去，进行巧妙地衔接，创造出新的高效的训练原理、规律、方法等，从而有效地促进自身学科的不断发展与壮大，提高训练效果。如"系统论、信息论、控制论"移接到体育各个领域中已发挥出巨大的效果，有力地促进了体育科学的发展。

第四节　运动训练负荷的科学安排

一、运动训练负荷的基本知识

（一）运动训练负荷原理

运动训练中的最终训练目的是促进运动员身体素质水平、运动水平的提高，要想实现这一最终目的，就要在运动训练过程中使运动员不断承受和适应训练负荷，促进其机体的运动能力和对外界（运动训练负荷）的适应能力的不断提高，这就是运动训练负荷原理。

运动训练过程中，运动员会承受一定的外部刺激，运动员机体在生理与心理方面承受的总刺激便是运动训练负荷，机体承受刺激时表现出来的内部应答反应程度可以反映运动训练负荷。

运动训练负荷有着自身的特点，它具有目的性和选择性，即一定的功能特点；运动训练负荷还具有渐进性、极限性和应激性，随着运动训练负荷水平的提高，训练适应水平也会相应地得到提高。运动训练负荷与运动成绩之间密切相关，这主要从对应性和延缓传导性上体现出来。

运动训练负荷种类繁多，每种负荷都有自己独特的含义，因此必须准确掌握各种运动训练负荷的概念和特性，对运动训练负荷进行科学调控，调控时需注意运动训练负荷的综合性、实战性和动态性，并需结合具体个体进行，注重运动训练负荷的定量与等级。

（二）运动训练负荷刺激及机体机能的变化

运动训练负荷刺激主要是指运动训练负荷对机体的刺激，人体活动时所表现出来的力量、耐力、速度、柔韧和灵敏素质等不是根本原因（本质），而是运动的结果（表象）。在运动训练中，机体对训练负荷刺激所做出的反应表现在两个方面，即生理反应和心理反应，通常所说的运动训练负荷指的是生理负荷，就是指机体在生理方面所承受的运动训练刺激。

运动训练的过程也可以看作是一个不断对人体施加运动训练负荷刺激的过程，在这一过程中，人体各器官系统将发生一系列反应。这些反应特征主要表现为耐受、疲劳、恢复、超量恢复和消退等机能变化。

在运动训练过程中，机体的负荷刺激变化主要会经历以下几个阶段。

1. 耐受阶段

耐受是运动训练初级阶段机体对运动训练负荷的刺激反应，是机体接受运动训练负荷刺激后身体机能变化和反应的第一个阶段。运动训练负荷强度和运动员训练水平会影响这种耐受能力的强弱和保持时间的长短。这一阶段，应以体能训练为主。

2. 疲劳阶段

在承受一定时间的运动训练负荷刺激之后，机体机能和工作效率会逐渐降低，即出现疲劳现象。具体来说，运动员训练到何种疲劳程度及耐受多长时间以后疲劳取决于训练课的目的。实践表明，训练过程中，运动员只有达到一定程度的疲劳，才能提高运动能力，才能在恢复期获得预期的超量恢复效果，从而促进机体机能的增强。

3. 恢复阶段

训练结束后，在补充和恢复阶段，机体主要是补充训练过程中所消耗的能源物质，修复所受到的损伤并恢复紊乱的内环境，使机体各器官系统的机能恢复到运动前水平，以完成机体结构与机能的重建。机体疲劳的程度决定了恢复所需时间的长短。

4. 超量恢复阶段

超量恢复，又称"超量代偿"，是关于运动时和运动后休息期间能量物质消耗和恢复过程的超量恢复学说，由苏联学者雅姆波斯卡娅提出。超量恢复指的是在运动结束后，运动过程中所消耗的能源物质及降低的身体机能不仅可以得以恢复，而且会超过原有水平。通常来说，运动训练负荷量越大，强度越大，疲劳程度越深，超量恢复越明显，但切忌过度训练。

5. 消退阶段

一次训练结束后,如果不及时在已获得的超量恢复的基础上继续施加新的刺激,那么已经产生的训练效果在保持一段时间后就会逐渐消退,机体机能又下降到原有水平。因此,要想保持长久的运动训练效果,就要求运动员必须在上一次训练出现超量恢复的基础上对下次运动训练做出及时的安排。

二、运动训练负荷的科学安排与调控

（一）运动训练负荷的定性与定量

1. 运动训练负荷的定性

（1）训练负荷的专项性

训练负荷的专项性指训练负荷要与运动员的训练水平和比赛要求相符。运动训练过程中,训练负荷的练习分为运动专项练习与运动非专项练习。其中运动专项练习是提高运动员专项运动技战术水平的直接因素,只有加强运动专项训练,才能为运动员运动实战水平的提高奠定良好的基础。

（2）训练动作的复杂程度

训练动作的复杂程度是专项运动训练中客观存在的内容,是运动训练中运动训练负荷定性的一个重要方面。运动训练实践中,动作复杂程度决定着训练负荷的大小。区分训练动作的复杂程度是控制运动训练负荷的依据和需要。

需要提出的是,由于运动训练中,运动员的许多技能动作并不能预定,必须根据场上对手的表现临时做出选择性反应,因此,目前对此要做出量化评定具有较大的难度。

（3）训练负荷的生理改善

确定运动员运动训练时机体工作的供能系统是为训练负荷定性的内容之一。研究表明，系统的运动训练中，ATP-CP 和糖酵解供能约占 80%，糖酵解和有氧代谢约占 20%。因此，运动员应结合运动专项的训练要求和特点，选择采用无氧代谢，或是有氧代谢，或二者的协调配合来进行训练，也就是以实际情况为依据合理安排训练。

2. 运动训练负荷的定量

（1）内部负荷指标

内部负荷指标指由于运动员在训练过程中进行各种身体、技战术训练，训练的负荷使运动员有机体内发生一系列生理和生化变化，内部负荷的指标能比较科学、准确地反映有机体在负荷时产生的各种变化，有利于教练员根据这种变化去掌握和控制训练过程，安排训练负荷。

运动训练中，使用内部负荷的指标来测量负荷的方法比较广泛。血压、心率、血乳酸、尿蛋白、氧债、血红蛋白、最大吸氧量等是常用的指标。

（2）外部负荷指标

外部负荷指标又称"负荷的外部指标"或"外部负荷"，包括负荷量和负荷强度两个指标。在运动训练中，负荷量的各个指标测定的方法比较简单。机体对负荷强度刺激所引起的反应比较强烈，能较快地提高机体各器官系统的机能水平，所产生的适应性影响较深刻，消退较快。在运动训练中，测量负荷强度的各个指标比较复杂，所以难度也比较大。

目前，对运动员外部负荷指标进行测量，一般通过记录技战术训练的时间、训练次数、训练难度、训练的激烈对抗程度等方法。

（二）不同负荷的判别

运动训练期间，当运动员的运动训练内容、训练手段的特点相当稳定时，有机体机能能力表现出来的动态变化就能够被明显地观察到。因此，可根据训练实践中运动员有机体机能活动性的动态变化来对训练负荷的大小进行判别。

运动训练负荷的大、中、小可以客观地按照机体恢复的时间进行判别。研究表明，训练负荷的大、中、小与有机体内环境的稳定性的变化紧密相关，并且能具体反映到恢复过程的时间上。通常，小负荷与中等负荷后，机体恢复过程的时间通常是几十分钟或几个小时，大负荷后，一般需要较长的时间才能实现机体的恢复。

在运动训练中，应结合实际情况来对运动员的训练负荷大小进行判定，具体可以根据生理学和生物学的指标来判别，也可以采用其他相对间接且客观的指标进行判别，不管使用哪种方法，都要保证准确地判定训练负荷。

（三）运动训练负荷的特点与注意事项

1. 科学安排运动训练负荷的特点

科学安排与调控运动训练负荷就是以更科学、更合理的方法安排运动训练负荷，从而实现运动训练水平和运动成绩不断提高的目的。对训练负荷的科学安排需要遵循负荷、应激与恢复原理，竞技状态的形成与科学调控原理，周期性与节奏性原理，以及竞技能力的训练适应原理等。简单来说，科学调控运动训练负荷就是在训练过程中，教练员根据训练的任务及运动员的个体情况，按照人体机能的训练适应规律，以大负荷为核心，坚持长期、系统和有节奏地安排运动训练负荷。

2. 科学安排与调控负荷的注意事项

（1）不同训练阶段采取不同的调控方法

根据负荷因素的基本特征，在训练初期，为了使运动员尽快进入运动状态，通常以增加负荷量的方法来尽快实现运动员机体的适应能力。

在专项训练阶段，以提高负荷强度刺激的方法来加深运动员的机体适应过程。

（2）选择合理的负荷内容和手段

教练员应按照不同运动项目、训练内容、训练手段的负荷特征和不同训练任务选择好相对应的训练内容、手段和方法。对运动员而言，其参与的具体竞技运动项目不同、训练目的不同，所安排的训练负荷应有所区别。

（3）对负荷方案进行最佳综合设计

在运动训练过程中，教练员要根据各对应性负荷结构的特征及相互间的关系，进行负荷方案的最佳综合设计。特别是要注意负荷量、负荷强度与总负荷，内部负荷与外部负荷，生理、心理与智力性负荷，以及训练负荷与比赛负荷的综合设计。

（4）按照运动员个体特点确定运动训练负荷

教练员要通过科学的训练诊断，对运动员的个体特点加以了解，对符合他们个体特点的个体负荷模型进行科学确立。

（5）注意负荷安排的长期性、系统性

在进行运动训练时，要根据连续负荷中疲劳的正常积累与过度疲劳之间的关系，对多年、年度、周及每一次课的训练过程的负荷进行对应的安排，使不同训练阶段的运动训练负荷能够连贯起来，促进运动员运动水平的逐步提高。

（6）重视运动训练负荷的节奏性

教练员要把大负荷训练与减量训练结合起来，使之形成最佳的负荷节奏，进而促使运动员取得最佳的运动成绩。

（7）合理增加运动训练负荷

根据训练任务和训练对象，逐步、有节奏地加大运动训练负荷，直至最大限度，但在竞走运动训练过程中，运动训练负荷的安排不宜过大，应以提高单位训练时间里最大的效益为准则。运动训练负荷的增加应当在运动员适应了原有负荷的基础上进行，只有这样才能取得较好的训练效果。

（8）注意处理好负荷量、负荷强度与总负荷的关系

教练员要按照运动项目特点、训练和比赛任务、个体特点等因素，以总负荷的要求为基础，确定好负荷量和负荷强度的最佳组合。突出强度是高水平竞走运动员负荷安排的重要特征。但注意应从实际情况出发，负荷强度和负荷量应合理搭配。

（9）重视恢复

训练水平的提高离不开对训练负荷的合理安排，没有恢复，也就没有新的负荷安排。在运动疲劳之后，人体的恢复时间有所不同，恢复时间过长或过短都不利于提高身体素质和技战术水平。注意掌握运动员训练后不同恢复阶段的时间、个体负荷的极限能力、承受极限负荷后的恢复时间，及各训练过程的负荷性质、适宜的间隙时间和恢复方式，并根据这些要点来对大负荷训练进行安排。训练之后，还应注重采用多种手段来帮助运动员消除疲劳。

（10）做好运动训练负荷监测和诊断工作

教练员应在运动训练过程中根据运动训练负荷的构成因素及运动训练负荷的可监控性特点，正确地确定各运动项目的各训练内容、手段和训练方法及不同运动员个体的运动训练负荷监控指标体系，对科学的运动训练负荷监控、诊断系统和诊断模型进行建立。

第五章

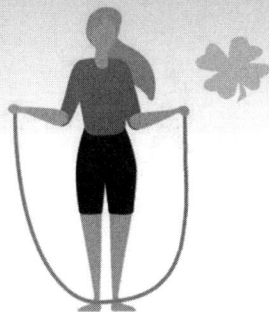

大学生体育锻炼与营养保健

第一节　大学生体育锻炼概述

一、大学体育教育的价值与功能

大学体育教育经历很多发展阶段，到目前，已经发展为一种承载着复合型功能和价值的大体育教育系统。

1. 人文精神、心理、人格培养与训练的功能。其一，人文精神的培养功能。大学体育教育不是单一的肢体技能训练，通过各项体育项目的学习与训练能够很好地培养学生的团队意识、规则意识、组织意识、责任意识、吃苦精神与竞争精神等，促使学生现代公民素质与意识的训练与提高。同时，通过体育理论课程的拓展，能够对学生的思想品质等方面进行教育。其二，心理与人格的培养功能。各项体育运动项目能够考验学生的心理素质、毅力等，这些项目的开展，能够极大地增强大学生的心理素质，提高大学生克服各种困难和迎接各种挑战应具备的良好的心理素质。其三，训练思维的功能。大学体育教育课的开展，能够促使学生学习一些体育知识，拓展自己的知识面，同时通过体育技能训练，能够很好地训练学生的规划统筹力、反应与观察力等。

2. 健身功能。这是大学体育教育的本职功能，主要是对学生的身体运动方法和技能进行训练，教会学生各种科学强身健体的方式方法，最终达到延年益寿的目的。

3. 休闲与娱乐功能。关于这一功能，主要随着各种竞技比赛的出现，大学体育教育活动能够对一般观众具有休闲与娱乐的作用，当然也成为体育爱好者的休闲与娱乐方式之一。

4. 大学体育教育的发展能够增强高校竞争力，能够提升高校的知名度和社会声誉，也是一所大学彰显自身办学特色的亮点之一。

二、当前我国大学体育教学的现状与问题

当前我国大学体育教育，由于主观与客观、历史与现实、内外等方面的原因，整体上发展得还不是很理想，在高校发展系统中处于边缘化的尴尬境地，存在一些不足和问题，具体说来如下。

1. 从学校层面来看，大学体育教育发展的指导思想和重视程度不够。其一，学校对大学体育的重视程度明显不够，导致大学体育处于整个高校发展系统的中边缘化的位置，导致各项投入明显不够。其二，大学体育指导思想与经济社会生活存在脱节的地方，尤其是健康体育和终身体育的理念、全程体育教育理念宣传建构不够。其三，大学体育教育的软件和硬件建设不够，包括师资建设、体育教育所需的各种设施、体育课程体系建设等均存在问题。

2. 从学生层面来看，大学生普遍对体育教育课不重视，主要体现在以下几个方面。其一，由于大学体育教育的考试价值取向，导致学生很多时候是应付性地上课，忽略了体育课的健身功能；学生对体育教育的关注点往往停留在体育考试层面上，很难真正端正学习体育课的态度和目的。

其二，由于就业、专业学习、交友等原因，导致学生把有限的精力投入到这些上面。相反，大学生对大学体育教育课的积极性和主动性不高。其三，在观念上，大学生对体育教育课程的理解还处于一种小体育观的状态，认为体育就是单一的身体训练，对人的其他素质训练作用不大。正是由于这样，导致当代大学生体质发展与健康非常不理想，凸显出大学体育教育模式和价值取向存在一些问题。

3. 从教师层面来看，教师队伍素质、教学方法、教学观念、教育模式等还存在一些问题。其一，在教育观念和理念上，要么传统式的教师主导，要么是学生自由式的教育方式，导致很多大学体育教育课显得无所适从。其二，体育训练上教师对学生的指导和引导不够，很多体育教师强调要完成规定的教育任务，对学生的体育心态和体育创造力等方面重视不够。其三，大学体育教育课上的教育内容，很多是重复高中的体育教育，同时注重体育技能的实际操作，对体育理论的系统讲解不够，没有真正让学生在大脑中建构起系统化的体育科学知识；同时对学生体育能力的培养训练力度不够，忽略对学生的创新能力、观察反应力等的培养。其四，大学体育教育方式方法显得很不灵活，包括体育教师的知识话语系统不生动，在很大程度上还是沿袭教师讲解的教授方法，学生个性化和自由化的训练不够。同时，由于各种原因，大班式的上课模式和放羊式的体育教育现象时有发生；教师的教育方法存在很大的随意性，结合学生的专业特点和个性兴趣不强，导致教育的针对性不强，效果不理想；学生的主体性发挥不够，导致师生互动式的体育教育方式用得不够。其五，大学体育教育的形式较为单一，在很大程度上还是处于课堂教学为主的状态，第二课堂体育活动开展得不够，现代化的复合式体育教育模式还没有形成。其六，体育教师数量有限，培训力度不够，学历与职称不高，综合素质整体不是很理想，尤其是在人文素质方面欠佳。

三、我国大学体育教学改革与发展的对策

鉴于以上我国大学体育发展的现状和存在的不足,务必要主动积极,采取多种措施,全力推动大学体育教育的改革、发展,力求大学体育教育发展跟上时代发展的步伐,为高校发展做出自己应有的贡献,全力谱写大学体育教育发展的新篇章。

1. 从制度和观念上彻底改变大学体育教育的边缘化状态。要真正落实这一点,其一,我国高校必须要从政策和制度上着手,把大学体育教育作为学生毕业考试的重要指标之一,对每一个学生的身体素质和体育知识技能进行全盘考核检查,力求从国家和学校层面的制度建设上,将学生的体育发展状况纳入四年大学学业的考核体系;同时积极推动和支持学生的各项体育社团和活动,力求从学校层面就形成一种重视体育发展的导向。其二,大力宣传体育教育的重要性,在广大学生中树立起科学的大体育观念,彻底改变大学生对体育教育的漠然、不关注和无兴趣的现状,让学生主动参与到大学体育教育中来。

2. 加大体育教育的各项投入,全力提高大学体育教育的软件、硬件设施质量与数量,努力提高体育教师队伍的素质和工作积极性,增加必备的体育设施和场地,引进先进的体育教育软件,力求推动大学体育教育从物质到精神上的现代化发展。

3. 转变师生的体育教育观念与理念,积极推进体育教育的全面发展。其一,坚持以学生为本,从单一重视体育技能的训练与教育转变到培养学生德智体全面发展,兼顾人文教育。其二,引导学生树立终身体育教育的理念。大学体育教育只是大学生体育教育的一个重要的引导时期,在大学体育教育中务必要树立终身体育教育的理念。

4. 借鉴和吸收西方先进的大学体育教育模式,积极改革我国目前单一的体育教育模式,不断创新大学体育教育模式,努力形成多元并存的大

学体育教育模式,积极推进大学体育与社会体育接轨,开展俱乐部形式的体育教育活动。

5. 加大大学体育课程改革和建设力度,积极学习西方发达国家的大学体育课程建设,结合我国的实际,形成现代化复合型的大学体育课程体系,真正建立起集群式的大学体育课程体系和注重大学体育教育的复合型功能和价值的教学内容。

6. 加大大学体育教育内容和方式的改革发展力度,科学建构大体育教育模式,将健康教育与体育教育进行整合,积极吸收其他专业学科的教育内容和方式方法,努力建构现代化的大体育教育内容体系和方法体系。

四、现象学及其相关理论解读

(一)阿尔弗雷德·舒茨的理论贡献

自 19 世纪以来,实证主义研究在社会哲学领域一直处于主导地位。针对这种状况,阿尔弗雷德·舒茨从韦伯的理解社会学出发,打破了实证主义的束缚,独辟蹊径,运用胡塞尔现象学的观点和方法,革命性地构建了现象学社会学理论体系。舒茨反对实证主义社会学把"社会世界"与"自然世界"等同和按照自然科学模式研究社会现象及其过程的做法。他认为社会学研究的出发点不是实证主义所说的"社会事实",而是社会事实的意义。他主张社会学应置身于生活世界中,对互为主体性的人们的微观互动过程进行研究,认识社会的结构、变化和性质。故他也把自己的现象学社会学称为"生活世界构成的现象学"。

舒茨用"社会世界""日常生活世界"之类的术语来概括人们生存并进行日常活动的具体社会环境。按照舒茨的观点,在这种社会环境中,每一个正常人都必须通过社会行动和有意义的沟通而产生相互影响和相互关联。舒茨的现象学理论内核就在于揭示"生活世界"中的每一个正常人，即"我""他"是如何相互理解、沟通并达成一致的。因此，下文将以现象学理论为逻辑起点，以舒茨的社会现象学理论为支撑，对我国大学体育的教育功能进行独特视阈下的探讨与研究。

（二）类型化、社会化及其教育的现象学解读

所谓类型化，是指人们在日常生活中解释他们自己的行为及他们彼此之间的行为所运用的方式。类型化是现象学里非常重要的一个概念。阿尔弗雷德·舒茨将它看作"首先是关于人际事物的常识性的经验形式"，而理解则是人们借以反映彼此意图的方式。根据现象学的理论，当某一个体与其他个体进行交往时，该个体将会本能地对其他个体的行为进行某种意义的诠释与解读。不仅如此，该个体还会认为其他个体对自己也会进行某种意义的诠释与解读。在这种语境下，各主体之间的相互意识中的主体间性就逐渐演变成为类型化的经验。需要注意的是，当人们社会化时，人们就习得了类型化知识并形成应对典型情境的特定行为。所谓社会化，就是社会在生命个体——人类中的内化。

具体来讲，指个体在社会实践中学习知识、技能和规范等社会文化、适应社会生活、积极作用于社会、创造新的社会文化的一个动态过程。因此，在现象学里，由于类型化被看作是存在于整个社会文化中的行动基础，并且在此类型化中，人们的各种知识被认为是同质的、重复的，因而为人们所共享。从类型化的逻辑出发，可以得出这样的结论：客观的社会结构、社会规范及各种类型的社会文化活动等都可以被看作是在意识中存在的类型化知识。只有当人们了解和掌握这些共同的类型化知识之后，才能进行相互沟通和理解。正因为如此，人们彼此的沟通与互动才成为现象学关注的焦点和核心。

（三）现象学视阈下的大学体育教育功能

目前，国内学界对"体育"一词的定义尚存在争议，但一致认为体育是通过参加各种运动来实现的，以发展体力、增强体质为主要任务的教育。正如我国近代著名体育家方万邦所指出的那样："体育本身并不是一个目的，而只是一种方法，或是一种工具，尤其可用为达到教育目的的工具。"从更高的层次来看，体育具有文化的各种特质，是一种文化的积淀和人类文明的传承。以此为前提，大学体育的教育功能体现在两个方面：首先是文化性的教育功能；其次是参与性的教育功能。

1. 大学体育文化性的教育功能

大学生的社会化，实质上就是由一个生物人转变、成长为一个社会人，并逐渐适应社会的过程。对大学生进行体育教育，则是一个通过多种体育手段培养大学生并使之社会化的过程。事实表明，在传承体育文化的高级阶段，作为社会文化的一个重要组成部分的大学体育文化，对于我国大学生具有重要的影响。由于大学体育取向不同，它们所依附的体育文化对于学生的教育意义也存在互异。故在这种语境下，大学的体育文化较之于技术和技能而言，对大学生的教育影响更大。

因为它不仅影响大学生身体的生长发育，同时，通过培养他们的体育意识和体育思想观念，能为其终身体育打下基础。更为重要的是，通过这一途径和方式，还可以使优秀的体育文化得以传承并发扬光大。现代奥林匹克运动的创始人顾拜旦曾将体育文化的这一功能概括为"美和尊严"。如果从这一维度出发，可以进一步发现，大学体育文化给予大学生的不仅是文化知识和经验的积累，而且也有人文方面的陶冶。例如，当他们在体育比赛的开幕式上观看优美的体育艺术表演时，或者在体育大赛中听到运动健儿夺冠时奏响的国歌时，大学生的灵魂不仅可以得到净化，而且可以得以升华。

2. 大学体育参与性的教育功能

我国大学体育教育形式多样，主要形式有四种。体育课程教学、课外体育活动、运动队训练及体育竞赛。从实施过程来看，大学体育对学生的教育功能不仅贯穿于校内体育课程、体育教学和体育比赛等环节，而且还延伸到课外体育活动及校外体育（包括家庭体育、社会体育等）活动等环节；从管理角度来看，一个完整的大学体育教育包括体育教学活动的决策过程、体育教学活动的组织过程、体育教学活动的实施过程等多个环节。但无论哪一种形式、哪一种环节，都离不开大学生的积极参与。

由此可见，大学体育的参与性教育功能贯穿于整个大学体育教育的过程中。现象学理论认为，社会个体之间彼此沟通并进行理解的核心，就在于情景中的互动与共享的类型化知识。实践证明，在大学体育的教育活动中，无论是学生与学生，还是学生与老师，乃至学生与家庭成员或社会成员，时刻都是在具体的情景中进行着沟通与互动。在这些沟通与互动的过程中，大学生不仅了解了体育游戏规则，同时还习得了社会秩序的约束；不仅学会了运动技能，还培养了社会生存能力；不仅积累了丰富的体育文化知识，还积淀了许多的社会经验；不仅通过直观理解扩大了视野，还通过感性思考升华了书本知识。他们参与体育教育活动的过程，就是获取类型化知识的过程。

（1）社会交往能力的习得

从长远来看，大学生接受体育教育，是为了将来能够成功地扮演社会职能中的某一角色。高校显然担负着把学生从家庭推向社会的功能。毋庸置疑，大学中的同伴群体是学生在家庭之外的重要而又亲密的群体，它对学生的成长有着重要影响。正因为如此，作为大学生教育重要组成部分和手段的我国大学体育，理应将培养学生的社会适应能力设定为重要目标之一。

研究发现，大学体育教育活动中的参与行为，为这种同伴群体关系提供了良好的学习机会；大学体育教育活动过程中的参与性决定了学生在体育活动中的互动性，并且学生参与活动的程度，与他们之间互动的广度与深度呈正相关；而这种参与性又正是培养他们社会交往能力的基础和保障。需要强调的是，在大学体育教育活动过程中，教师必须引导学生要积极主动地参与其中，以促进学生的社会交往能力。国内外许多研究已经证明，大学生在被动参与体育教育活动时，其所受到的教育和影响远比积极主动参与的大学生所受到的教育影响小得多，其社会交往能力也比后者更为逊色。

（2）社会秩序的内化

从终极意义上看，教育具有两大目标，即技能的传承与秩序的内化。相比较而言，秩序的内化更为重要。作为大学生教育重要组成部分和手段的大学体育，将运动参与作为其重要的目标之一，充分证明了体育在技能的传承与秩序的内化活动过程中所具有的重要作用和意义。无论是在体育课程教学和课外体育活动，还是运动队训练及体育竞赛的过程，大学生在这些体育教育活动中的各种参与，即为按照特定的规章制度或者秩序，与各种人物角色积极互动的动态过程。

研究发现，这种参与对大学生进行权威关系的处理与内化具有较好的促进作用；通过体育教育活动，大学生的参与意识和参与能力都会明显增强。甚至可以说，正是通过这些参与性极强的体育活动，才使得大学生能够在较短的时间内习得较多的社会秩序性知识。通过四年的体育教育活动，大学生不仅可以掌握这些社会秩序，更为重要的是将之内化，并在他们以后的各种行为中体现出来，进而成为社会上素质良好、遵纪守法的优秀公民。这不仅能改善师生关系，而且能为大学生顺利融入社会，进而为构建和谐、文明的社会奠定良好的基础。

五、大学体育教育活动的特征

事实证明，大学体育教育活动是一种特殊的学习过程。如果将大学体育教育过程看作是通过视觉来观摩教师的示范活动或者其他同学的练习活动，以及通过观赏运动比赛之类的体育活动过程的"玩"，或者通过自身积极参与各种体育活动过程的"练"，那么对于学生而言，"练"比"玩"更为重要。在"练"中，学生不仅可以了解很多的体育游戏规则，更好地进行体育活动或参与体育比赛，而且可以获得许多类型化的社会游戏规则，即社会经验，并且能够在社会互动中获得与个人角色相关的许多内容，使他们的社会适应性得以极大的提高。研究发现，对于要通过社会化而进入社会的大学生来说，在体育教育活动中，让他们以各种角色参与互动过程比单纯的视觉观赏更重要，也更有趣。因为大学生通过体育教育活动在习得多种社会秩序与文化知识、积累文化经验和提高群体互动与社会交往能力的同时，还在各种体育教育活动中让知识视野得到拓宽，让身心综合素质得到提高，使人生观和理想得到升华。更为重要的是，对于个别学生来说，大学体育还具有心理与行为方面的治疗或矫正作用。这对于其以后的人生道路或者人生目标的正确定位都是至关重要的。

（一）类型化社会知识的习得是大学体育教育的本质

现象学理论认为，个人内化社会、适应社会的过程，也就是获得并表现社会中各种类型化知识的过程。体育活动的参与性与文化性是大学生获得这些类型化知识的重要方式与途径。大学生处于社会化的重要阶段，大学体育对其产生的教育功能，也就是体育教育活动可以促进其获得各种新的类型化知识。

换言之，大学体育教育的本质就在于使学生可以通过各种体育活动获得新的类型化的社会知识，从而为其顺利走向社会、融入社会打下良好的基础。研究表明，以文化为导向的大学体育教育活动与以技术为导向的大学体育实践活动，对学生的整体素质具有不同的影响。以技术为导向的大学体育可以促进学生的课堂参与、学习兴趣与运动技能的习得，为终身体育的实施提供良好的技术支持和恒久的动力引擎；而以文化为导向的大学体育则可以满足学生对体育精神的渴求及对奥林匹克精神的认可与继承。而这二者的合力又能极大地满足学生的社会化需求，使他们对自己所处的"生活世界"或"社会世界"无所畏惧地充满热情，从而形成积极地参与和改造世界的美好愿望与坚定信念。

众所周知，奥林匹克精神是将身心和精神方面的各种品质均衡地结合起来并使之得到提高的一种人生哲学。它将体育运动与文化和教育融为一体，它所要开创的人生道路以奋斗中所体验到的乐趣、优秀榜样的教育价值，和对一般伦理的基本原则的操守为基础。因此，回归逻辑的起点，可以发现，大学体育教育的本质与所提倡的奥林匹克精神具有极高的契合度。从某种意义上讲，大学体育教育的本质就是让学生习得类型化的社会知识，在奥林匹克精神的指导下，在社会的大舞台上，开创自己奋斗的人生。

（二）"入世"是大学体育教育活动的动机和目的

社会化意味着大学生要从心理、行为和精神等各个层面融入社会，即"入世"。现象学认为，与"入世"相对的行为即为"出世"，就是指为逃避社会压力、缓解心理紧张进行放松的躲避现实社会的各种行为。从本质上来看，与成人通过体育活动进行放松、休闲的目的不同，大学生在体育教育过程中的沟通与互动，实际上就是一种类型化知识的构建与获得的过程，也就是社会化的过程，这种过程正是"出世"的前奏。

从目前我国的实际情况来看，在大学这个社会化的重要阶段中，大学生需要获得诸多的社会知识为其进入社会做储备。基于这种情况，他们对通过体育教育活动参与社会互动并获得社会知识更加感兴趣。在这里，其体育活动具有获取社会化知识的重要介导功能，即具有强烈的"入世"导向。课题组进行的大量研究也证实了这一点。与此相反，体育活动对于成人而言，其躲避日常世界、缓解社会压力的"出世"功能则更为明显。鉴于此，从大学体育教育活动的根本动机和目的出发，其内容与安排，应尽可能符合大学生的年龄特征和社会需求，从而促进学生的社会化进程。

第二节　大学生体质健康测评

俗话说，"健身之道，运动为妙"。只有符合人体身心规律的运动才能达到健身的目的。大学生健康广义上是指大学生在体质健康和心理健康方面的基本状况。狭义上讲可以理解为大学生身体健康素质、身体运动素质和运动能力的综合体现，是学生在大学阶段所表现出的形态发育、生理机能、心理状态、身体素质、运动能力及对环境的适应和对疾病抵抗力综合的、相对稳定的状态和水平。

一、体育锻炼科学评价的定义及构成因素

体育锻炼科学评价是指依据"健康第一"的指导思想，利用所有可行的评价方法，通过系统地收集信息资料和分析整理，对体育锻炼影响体质健康和心理健康的结果进行价值判断，从而不断自我完善和为决策者提供依据的过程。

根据三维（生理、心理、社会）健康观，健康是指在遗传性和获得性的基础上表现出来的人体的形态结构、生理功能和心理因素的综合的、相对稳定的特征。其影响因素是多方面的，其中遗传、营养、体育锻炼这三个方面起了重要的作用，健康在其形成过程中，具有明显的个体差异和

阶段性。不同人健康的差异，主要表现在形态发育、生理机能、心理状态、身体素质、运动能力及对环境的适应能力和对疾病的抵抗能力等方面；从水平上包括了从最佳状态到严重疾病和功能障碍的多种不同水平。同时，人体的不同生长发育阶段健康的状况是不断发展和变化的，既有共同的特征又有不同年龄阶段的特殊特征。健康的范畴包括了人体形态结构、生理功能和心理因素等方面。一个人身体的健康，通常表现为机体的形态结构、生理功能和心理因素的综合的、相对稳定的一种状态，主要表现在以下 5 个方面。

1. 身体形态发育水平，即体形、姿态、营养状况、体格及身体成分等。

2. 生理功能水平，即机体新陈代谢水平及各器官系统的工作能力。

3. 身体素质和运动能力发展水平，即心肺能力、柔韧性，肌肉力量和耐力、速度、爆发力、平衡、灵敏、协调、反应时间等素质，及走、跑、跳、投、攀爬等身体活动能力。

4. 心理发育水平，即本体感知能力、个性、意志等。

5. 适应能力，即对内外环境条件的适应能力、应激能力和对疾病的抵抗能力。

这 5 个方面的状况，决定了人们的不同健康水平。在健康测量与评价，以及检查增强健康的实际效果时，必须看到健康的综合性特征，以及测量与评价的多指标性质。

体质健康和心理健康同属于健康的范畴。从体质的范畴来看，它更趋向于人体的形态发育、生理机能、身体素质、运动能力及对内外环境的适应和抵抗疾病的能力等；从心理的范畴来看，它更趋向于改善心理状态，克服心理障碍，调节自己的情绪及在运动中体验运动的乐趣和成功的感觉；从健康的范畴看，除了包括体质健康和心理健康的范畴以外，还强调对环境（包括自然环境和社会环境）的适应、心理卫生、对疾病的预防、卫生保健及生活方式对健康的影响。

二、体育锻炼科学评价的意义与目标

大学生体育锻炼科学评价是高等学校体育工作中的重要构成因素环节，也是整个学校教育评价体系的重要组成部分。通过建立全面、科学的学生健康评价体系，可以使学生及时了解自己的健康状况，调整学习和锻炼的目标。同时，评价过程本身也是一次很好的体育宣传和教育过程，是一次自我健康意识提高的过程。更为重要的是，通过评价可以使学生、家长、学校、社会及时了解学生健康状况，引起大家的重视和关心，为学校和教育管理部门制订和调整有关学生健康方面的政策提供科学的依据，使学生健康问题引起全社会的关注。所以说，正确合理地对大学生进行健康评价，对于促进学校体育工作，贯彻落实终身体育有着极为重要的意义。

体质健康评价目标是指能测试和评价体质健康状况，掌握有效提高身体素质、全面发展体能的知识与方法；能合理选择人体需要的健康营养食品；养成良好的行为习惯，形成健康的生活方式；具有健康的体魄。

三、体育锻炼的科学评价指标

体育锻炼科学评价指标是评价人们健康水平、健康教育工作计划和健康教育措施效果的依据。健康不仅是主观状态，而且是客观现实。鉴于人的不同年龄段、不同性别、不同地域与不同民族等使用的健康评价标准不同，现主要根据健康的概念和影响健康的因素，从整个健康工作的目标列出以下健康指标的内容，以此作出对体育锻炼的科学评价。

个体评价指标如下。

1. 形态方面。包括身体生长发育方面的因素，如身高、体重、肩宽、胸围等。

2. 生理功能方面。包括生理机能方面的因素，如血压、脉搏、肺活量等。

3. 身体素质方面。包括力量、速度、灵敏、耐力和柔韧等。

4. 心理健康方面。包括人格、智力、情绪、情感、意志品质等。如个性倾向性的动机、兴趣、爱好，个性心理特征的能力、性格、气质等。

5. 社会方面。包括道德修养、行为模式、生活方式、人际关系等。

6. 疾病状况。因疾病种类而异。

群体评价指标如下。

影响群体健康水平的因素很多，涉及面广，所以群体评价指标也是多方面的。

1. 卫生政策。① 正式把健康教育和健康促进目标纳入政府卫生事业发展规划；② 建立与健全健康教育协调组织；③ 制订地区健康教育规划；④ 建立与健全三级保健网；⑤ 形成健康为人人、人人为健康、人人参与的新局面。

2. 社会经济指标。① 人口自然增长率；② 人均国内生产总值；③ 15 岁以下文盲率；④ 中小学入学率；⑤ 人均住房面积或住房平均人数；⑥ 大众传播媒介覆盖率；⑦ 其他（如每人年平均收入、就业率、人均供热量和卫生设备等）。

3. 预防性卫生服务指标。① 人均卫生费用；② 卫生费用占国民生产总值的比率；③ 每千人卫生人员数；④ 每千人保健人员数和医生人数；⑤ 各种卫生服务利用指标；⑥ 卫生保健知识水平。

4. 健康状况指标。① 死亡统计指标；② 出生生育指标；③ 生长发育指标；④ 疾病和健康缺陷指标；⑤ 行为因素指标；⑥ 其他（如自杀率、吸毒成瘾率、犯罪率、肥胖症率）。

《国家学生体质健康标准》（以下简称《标准》）于 2007 年 4 月正式颁布实施。《标准》的实施对于加强素质教育，提高我国青少年体质健康水平，推动亿万学生阳光体育运动的开展必将发挥极为重要的作用，产生深远的影响。新颁布的《标准》突出了现代社会对健康的具体要求，实现了测试指标由"运动技术指标"向"健康指标"的过渡，建立了以健康为主要指标的新的评价体系，对大学生养成良好的体育锻炼习惯，不断增强体质起到了积极作用。

四、大学生体质健康标准测评的理念

最新颁布的《标准》是教育部、国家体育总局根据《学生体质健康标准》试行 5 年来的实际情况和所出现的问题，结合 2005 年全国学生体质与健康的调研结果，对《学生体质健康标准》的完善和修订。《标准》注重了测试内容的代表性、公平性、合理性和可操作性，达到了操作简便易行、结果可靠有效的目的。在评价指标的设定上也充分考虑不同个体之间的差异，部分采用了指数法，使评价更加个体化和人性化，是学生体质健康的个体评价标准。

1.《标准》测评涉及身体形态和身体成分、心血管机能、力量、速度、耐力、柔韧性及综合身体素质和运动能力等多个方面。身体成分是指人体总体重中脂肪成分和非脂肪成分的比例，通过它可以十分准确地评价人体的状况，通常用体脂百分比即总体重中体脂的比例来表示。

2.《标准》测评所涉及的方面都与人们终身健康的每个特定状况有密切联系，而每一项测试内容又都反映了人们身体健康素质的一个或多个要素。身体健康素质是与身体健康关系密切的一些要素，包括身体成分、循环系统的功能、肌肉的力量、耐力、柔韧性和运动能力。

3.《标准》测评根据年龄、性别的不同而存在差异。

4.《标准》测评的结果应着眼于大学生身体素质的进步与提高。

5.《标准》测评结果的最终解释不仅仅是得了多少分，更是对学生身体健康素质、身体运动素质和运动能力现状的分析。身体运动素质是指人体在运动中体现出来的速度、力量、耐力、灵敏、柔韧性、平衡、协调等身体素质。

6.《标准》测评的结果是可信的，它可以作为个人设定锻炼目标的依据。

7.《标准》新增反映学生运动能力和综合身体素质的评价指标，在权重方面有一定的加大。

8.《标准》对于进行科学锻炼可以明显改变其状况，特别是反映学生耐力素质的测试项目予以较大的权重，以提高它们在综合评价中的地位。

五、大学生体质健康标准测评项目

根据《标准》要求，大学组测试项目为五类，身高与体重、肺活量为必测项目，其他三类测试项目各选测一项。

选测项目如下。

1. 台阶实验、1 000 米跑（男）、800 米跑（女）。

2. 50 米跑、立定跳远、跳绳、篮球运球、足球运球、排球垫球。

3. 坐位体前屈、握力、掷实心球、引体向上（男）、仰卧起坐（女）。

注：台阶实验与 1 000 米跑（男）、800 米跑（女）隔年交替测试。

六、大学生体质健康标准的测试与等级评定

《标准》中的选测项目由各地市级行政部门在测试前两个月确定并公布。选择项目原则上每年不得重复，随机确定。具体测试按 2007 年 4 月人民教育出版社出版的《国家学生体质健康标准解读》中的有关要求进行。

各评价指标的得分之和为标准的最后得分，满分为 100 分。根据最后

得分评定等级：90 分及以上为优秀，75～89 分为良好，60～74 分为及格，59 分及以下为不及格。每学年评定一次并记入《国家学生体质健康标准登记卡》。学生《标准》测试成绩达到良好及以上者，方可参加三好学生、奖学金评选；成绩达到优秀者，方可获体育奖学分。

《标准》成绩不及格者，在本学年度准予补测一次，补测仍不及格，则学年《标准》成绩为不及格。普通高中、中等职业学校和普通高等学校学生毕业时，《标准》测试的成绩达不到 50 分者按肄业处理。属下列情况之一者，其《标准》成绩记为不及格，该学年《标准》成绩最高记为 59 分：（1）评价指标中 400 米（50 米×8 往返跑）、1 000 米跑（男）、800 米跑（女）、台阶试验的得分达不到及格者。（2）体育课无故缺勤，一学年累计超过应出勤次数 1/10 者。因病或残疾学生，可向学校提交免予执行《标准》的申请，经医疗单位证明，体育教学部门核准后，可免予执行《标准》，并填写《免予执行〈国家学生体质健康标准〉申请表》，存入学生档案。对确实丧失运动能力、免予执行《标准》的残疾学生，仍可参加三好学生、奖学金、奖学分评选，毕业时，《标准》成绩可记为满分，但不评定等级。

七、大学生体质健康标准各项目的具体测试方法

（一）身高

1. 测试目的

测试学生身高，与体重测试相配合，评定学生的身体匀称度，评价学生生长发育及营养状况的水平。

2. 场地器材

身高测量计。使用前应校对零点，以钢尺测量基准板平面至立柱前面

红色画线的高度是否为 10.0 厘米，误差不得大于 0.1 厘米。同时应检查立柱是否垂直，连接处是否紧密，有无晃动，零件有无松脱等情况，并及时加以纠正。

3. 测试方法

受试者赤足，立正姿势站在身高计的底板上（上肢自然下垂，足跟并拢，足尖分开约成 60°）。足跟、骶骨部及两肩胛区与立柱相接触，躯干自然挺直，头部正直，耳屏上缘与眼眶下缘呈水平位。测试人员站在受试者右侧，将水平压板轻轻沿立柱下滑，轻压于受试者头顶。测试人员读数时，双眼应与压板水平面等高进行读数。记录员复述后进行记录。以厘米为单位，精确到小数点后一位。测试误差不得超过 0.5 厘米。

4. 注意事项

（1）身高计应选择平坦靠墙的地方放置，立柱的刻度尺应面向光源。

（2）严格掌握"三点靠立柱""两点呈水平"的测量姿势要求，测试人员读数时两眼一定与压板等高，两眼高于压板时要下蹲，低于压板时应垫高。

（3）水平压板与头部接触肘，松紧要适度，头发蓬松者要压实，头顶的发辫、发结要放开，饰物要取下。

（4）读数完毕，立即将水平压板轻轻推向安全高度，以防碰坏。

（5）测量身高前，受试者应避免进行剧烈的体育活动和体力劳动。

（二）体重

1. 测试目的

测试学生的体重，与身高测试相配合，评定学生的身体匀称度，评价学生生长发育的水平及营养状况。

2. 场地器材

杠杆秤或电子体重计。使用前须检验其准确度和灵敏度。准确度要求误差不超过 0.1%，即每百千克误差小于 0.1 千克。检验方法是以备用的 10 千克、20 千克、30 千克标准砝码（或用等重标定重物代替）分别进行称量，检查指标读数与标准砝码误差是否在允许范围。灵敏度的检验方法是置 100 克重砝码，观察刻度尺变化，如果刻度抬高了 3 毫米或游标向远移动 0.1 千克而刻度尺维持水平位时，则达到要求。

3. 测试方法

测试时，杠杆秤应放在平坦地面上，调整零点至刻度尺水平位。受试者赤足，男性受试者身着短裤；女性受试者身着短裤、短袖衫，站在秤台中央。测试人员放置适当砝码并移动游标至刻度尺平衡。读数以千克为单位，精确到小数点后一位。记录员复诵后将读数记录。测试误差不超过 0.1 千克。

4. 注意事项

（1）测量体重前，受试者不得进行剧烈体育活动和体力劳动。

（2）受试者站在秤台中央，上、下杠杆秤动作要轻。

（3）每次使用杠杆秤时均需校正。测试人员每次读数前都应校对砝码重量，避免差错。

（三）台阶试验

1. 测试目的

测试学生在定量负荷后心率变化情况，评价学生的心血管机能。

2. 场地器材

台阶或凳子、节拍器（或录音机及磁带）、秒表、台阶实验仪。

3. 测试方法

男生用高 40 厘米台阶（或凳子），女生用高 35 厘米的台阶（或凳子）。测验前，测定安静时的脉搏，然后受试者做轻度的准备活动，主要是活动下肢关节。上、下台阶（或凳子）的频率是 30 次/分，因而节拍器的节律为 120 次/分（每上、下一次是四动）。受测者按节拍器的节律完成试验。

被测试者从预备姿势开始：① 被测试者一只脚踏在台阶上；② 踏台腿伸直呈台上站立；③ 先踏台的脚下先下地；④ 还原成预备姿势。用 2 秒上、下一次的速度（按节拍器的节律来做）连续做 3 分钟。做完后，立刻坐在椅子上测量运动结束后的 1～15 分钟、2～25 分钟、3～35 分钟的 3 次脉搏数。并用下列公式求得评定指数，计算结果包含有小数的，对小数点后的 1 位进行四舍五入取整后进行评分。

$$评定指数 = \frac{踏台上、下的持续台上（秒）× 100}{2 × 3 次测定脉搏的和}$$

（四）注意事项

1. 心脏有病的不能测试。

2. 按 2 秒上、下一次的节奏进行。当受试者跟不上节奏时应及时提醒。如果三次跟不上节奏应停止测试，以免发生伤害事故。

3. 上、下台阶时，膝、髋关节都应伸直。

4. 被测试者不能自己测量脉搏。

5. 如果受试者不能完成 3 分钟的负荷运动，以实际上、下台阶的持续时间进行计算，计算公式和方法同上。

（五）肺活量

1. 测试目的：测试学生的肺通气功能，评价人体呼吸系统的功能状况。肺活量的大小与体重、身高、胸围等因素有着密切关系，为了使对学生身体发育的不同因素在呼吸系统的评价中得到体现，评价时采用肺活量体重指数。

2. 场地器材：电子肺活量计。

3. 测试方法：房间通风良好；使用干燥的一次性口嘴。肺活量计主机放置平稳桌面上，检查电源线及接口是否牢固，按工作键液晶屏显示"0"即表示机器进入工作状态，预热 5 分钟后测试为佳。

首先告知被测者不必紧张，以中等速度和力度尽全力吹气效果最好。令被测试者手持吹气口嘴，面对肺活量计站立试吹 1～2 次，首先看仪表有无反应，还要试口嘴或鼻处是否漏气，调整口嘴和用鼻夹（或自己捏鼻孔）；学会深吸气（避免耸肩提气，应该像闻花式地慢吸气）。测试时，受试者进行一两次较平日深一些的呼吸动作后，更深地吸一口气，向口嘴处慢慢呼出至不能再呼出为止，防止此时从口嘴处吸气，测试中不得中途二次吸气。吹气完毕后，液晶屏上最终显示的数字即为肺活量毫升值。每位受试者测 3 次，每次间隔 15 秒，记录 3 次数值，选取最大值作为测试结果。以毫升为单位，不保留小数。

（六）注意事项

1. 电子肺活量计计量部位的通畅和干燥是仪器准确的关键，吹气筒的导管必须在上方，以免口水或杂物堵住气道。

2. 每测试 10 人及测试完毕后，用干棉球及时清理和擦干气筒内部。严禁用水、酒精等任何液体冲洗气筒内部。

3. 导气管存放时不能弯折。

4. 定期校对仪器。

（七）50米跑

1. 测试目的

测试学生速度、灵敏素质及神经系统灵活性的发展水平。

2. 场地器材

50 米直线跑道若干条，地面平坦，地质不限，跑道线要清楚。发令旗一面，口哨一个。秒表若干块（一道一表）。秒表使用前，应用标准秒表校正，每分钟误差不得超过 0.2 秒。标准秒表的选定，以北京时间为准，每小时误差不超过 0.3 秒。

3. 测试方法

受试者至少两人一组测试。站立起跑，受试者听到"跑"的口令后开始起跑。发令员在发出口令同时要摆动发令旗。计时员视旗动开表计时。受试者躯干部到达终点线的垂直面停表。以秒为单位记录测试成绩，精确到小数点后一位。小数点后第二位数按非"0"时则进 1，如 10.11 秒读成 10.2 秒，并记录。

4. 注意事项

（1）受试者测试最好穿运动鞋或平底布鞋，赤足亦可。但不得穿钉鞋、皮鞋、塑料凉鞋。

（2）发现有抢跑者，要当即召回重跑。

（3）如遇风时一律顺风跑。

（八）800 米或 1 000 米跑

1. 测试目的

测试学生耐力素质的发展水平，特别是心血管呼吸系统的机能及肌肉耐力。

2. 场地器材

400 米、300 米、200 米田径场跑道，地质不限。也可使用其他不规则场地，但必须丈量准确，地面平坦。秒表若干块，使用前需要校正，要求同 50 米跑。

3. 测试方法

受测者至少两人一组进行测试，站立式起跑。当听到"跑"的口令后开始起跑。计时员看到旗动开表计时，当受试者的躯干部到达终点线垂直面时停表。以分、秒为单位记录测试成绩，不计小数。

4. 注意事项

（1）如果在非 400 米标准场地上测试，测试人员应向受试者报告剩余圈数，以免跑错距离。

（2）测试人员应告知受试者在跑完后应保持站立并缓缓走动，不要立刻坐下，以免发生意外。

（3）受试者不得穿皮鞋、塑料凉鞋、钉鞋参加测试。

（4）对分、秒进行换算时要细心，防止差错。

（九）立定跳远

1. 测试目的

测试学生下肢肌肉爆发力及身体协调能力的发展水平。

2. 场地器材

沙坑、丈量尺。沙面应与地面平齐。如无沙坑，可在土质松软的平地上进行。起跳线至沙坑近端不得少于 30 厘米。起跳地面要平坦，不得有坑凹。

3. 测试方法

受试者两脚自然分开站立，站在起跳线后，脚尖不得踩线（最好用线绳做起跳线）。两脚原地同时起跳，不得有垫步或连跳动作。丈量起跳线后缘至最近着地点后缘的垂直距离。每人试跳 3 次，记录其中成绩最好一次。以厘米为单位，不计小数。

4. 注意事项

（1）发现犯规时，此次成绩无效。3 次试跳均无成绩者，再跳至取得成绩为止。

（2）可以赤足，但不得穿钉鞋、皮鞋、塑料凉鞋测试。

（十）掷实心球

1. 测试目的

测试学生的上肢爆发力。

2. 场地器材

长度在 30 米以上的平整场地一块，地质不限，在场地一端画一条直线作为起掷线。实心球若干，测试球重为 2 千克。

3. 测试方法

测试时。受试者站在起掷线后，两脚前后或左右开立，身体面对投掷方向，双手举球至头上方稍后仰，原地用力把球向前方掷出。如两脚前后开立投掷，当球出手的同时后脚可向前迈出一步，但不得踩线。每人投掷 3 次，记录其中成绩最好的一次。记录以米为单位，取一位小数。

4. 注意事项

（1）丈量起掷线后缘至球着地点后缘之间的垂直距离。

（2）为了准确丈量成绩，应有专人负责观察实心球的着地点。

（3）发现踩线等犯规动作时，则此次成绩无效。

（4）3 次均无成绩者，应允许再投，直至取得成绩为止。

（十一）握力

1. 测试目的

测试学生上肢肌肉力量的发展水平。

2. 场地器材

电子握力计或弹簧式握力计。

3. 测试方法

受试者两脚自然分开呈直立姿势，两臂自然下垂。一手持握力计全力紧握（此时握力计不能接触衣服和身体）。记下握力计指针的刻度（或握力计所显示的数字）。用力手握两次，取最大值。记录以千克为单位，保留一位小数。

4. 注意事项

保持手臂自然下垂姿势，手心向内，不能触及衣服和身体。

（十二）引体向上

1. 测试目的

测试学生上肢肌肉力量和耐力的发展水平。

2. 场地器材

高单杠或高横杠，杠粗以手能握住为准。

3. 测试方法

受试者跳起，双手正握杠，两手与肩同宽呈直臂垂悬。静止后，两臂同时用力引体（身体不能有附加动作），上拉到下颌超过横杠上缘为完成一次。记录引体次数。

4. 注意事项

（1）受试者应双手正握单杠，待身体静止后开始测试。

（2）引体向上时，身体不得做大的摆动，也不得借助其他附加动作撑起。

（3）两次引体向上的间隔时间超过 10 秒终止测试。

（十三）坐位体前屈

1. 测试目的

测量学生在静止状态下的躯干、腰、髋等关节可能达到的活动幅度，主要反映这些部位关节、韧带、肌肉的伸展性和弹性及学生身体柔韧素质的发展水平。

2. 场地器材

坐位体前屈测试计。

3. 测试方法

受测者两腿伸直，两脚平蹬测试纵板坐在平地上，两脚分开 10～15 厘米，上体前屈，两臂伸直向前，用两手中指尖逐渐向前推动游标，直到不能前推为止。测试计的脚蹬纵板内沿平面为零点，向内为负值，向前为正值。记录以厘米为单位，保留一位小数。测试两次，取最好成绩。

4. 注意事项

（1）身体前屈，两臂向前推游标时两腿不能弯曲。

（2）受试者应匀速向前推动游标，不得突然发力。

（十四）仰卧起坐

1. 测试目的

测试腹肌耐力。

2. 场地器材

垫子若干块（或代用品）、铺放平坦。

3. 测试方法

受试者仰卧于垫上，两腿稍分开，屈膝成90°角左右，两手指交叉贴于脑后。另一同伴压住其踝关节，以便固定下肢。受试者起坐时，两肘触及或超过双膝为完成一次。仰卧时，两肩胛必须触垫。测试人员发出"开始"口令的同时开表计时，记录1分钟内完成次数。1分钟到时，受试者虽已坐起但肘关节未达到双膝者不计该次数，精确到个位。

4. 注意事项

（1）如发现受试者借用肘部撑垫或臀部起落的力量起坐时，该次不记数。

（2）测试过程中，观测人员应向受试者报数。

（3）受试者双脚必须放于垫上。

（十五）跳绳

1. 测试目的

测试学生的下肢力量和身体协调能力。

2. 场地器材

地面平整、干净的场地一块，地质不限。主要测试器材包括秒表、发令哨、各种长度的跳绳若干条。

3. 测试方法

两人一组，一人测试，一人记数。受试者将绳的长短调至适宜长度，听到开始信号后开始跳绳，动作规格为正摇双脚跳绳，每跳跃一次且摇绳一回环（一周圈），计为一次。听到结束信号后停止，测试员报数并记录受试者在 1 分钟内的跳绳次数。测试单位为次。

4. 注意事项

测试过程中跳绳绊脚，除该次不计数外，应继续进行。

（十六）篮球运球

1. 测试目的

测试学生综合身体素质和篮球运球基本技能水平。

2. 场地器材

测试场地长 20 米，宽 7 米，起点线后 5 米设置两列标志杆，标志杆距同侧边线 3 米。各排标志杆相距 3 米，共 5 排杆，全长 20 米，并列的两杆间隔 1 米。测试器材包括秒表（使用前应进行校正，要求同 50 米跑）、发令哨、30 米卷尺、标志杆 10 根，篮球若干个。测试用球应符合国家标准。

3. 测试方法

受试者在起点线后持球站立，听到出发口令后，单手运球依次过杆，每次过杆时需换手运球。发令员发令后开表计时，受试者与球均返回起终点线时停表。每名受试者测两次，记录其中成绩最好的一次。以秒为单位记录测试成绩，精确到小数点后一位，小数点后第二位数非"0"时进 1。

4. 注意事项

（1）测试中，篮球脱手后，如球仍在测试场地内，受试者可自行捡回，并在脱手处继续运球，不停表。

（2）测试过程中出现以下现象均属犯规行为，取消当次成绩：出发时抢跑、运球过程中双手同时触球、膝盖以下部位触球、漏绕标志杆、碰倒标志杆、人或球出测试区域、未按要求完成全程路线、通过终点时人球分离等。

（3）受试者有两次测试机会，两次犯规无成绩者可再测直至取得成绩。

（十七）足球运球

1. 测试目的

测试学生综合身体素质和足球运球基本技能水平。

2. 场地器材

在坚实、平整的场地或足球场上进行，测试区域长 30 米，宽 10 米，起点线至第一杆距离为 5 米，各杆间距 5 米，共设 5 根标志杆，标杆距两侧边线各 5 米。测试器材包括足球若干个（测试用球应符合国家标准），秒表（使用前应进行校正，要求同 50 米跑），30 米卷尺，5 根标志杆。

3. 测试方法

受试者站在起点线后准备，听到出发口令后开始向前运球依次过杆。受试者和球均越过终点线即为结束。发令员发令后开始计时，受试者与球均到达终点线时停表。每人跑两次，记录其中成绩最好的一次。以秒为单位记录测试成绩，精确到小数点后一位。小数点后第二位数非"0"时进1。

4. 注意事项

（1）测试过程中出现以下现象均属犯规行为，取消当次成绩：出发时抢跑、漏绕标志杆、碰倒标志杆、故意手球、未按要求完成全程路线等。

（2）受试者有两次测试机会，两次犯规无成绩者可再测直至取得成绩。

（十八）排球垫球

1. 测试目的

测试学生综合身体素质和排球基本技能水平。

2. 场地器材

在坚实、平坦的场地或排球场上进行，测试区域为每人3米×3米。测试器材为排球。测试用球应符合有关国家标准。

3. 测试方法

受试者在规定的测试区域内原地将球抛起，个人连续正面双手垫球，要求手形正确、击球部位准确、达到规定的高度，球落地即为测试结束，按次计数。受试者每次垫球应达到的高度，大学男生为2.43米，大学女生为2.24米。每名受试者测试两次，记录其中成绩最好的一次。测试单位为次。

4. 注意事项

（1）测试过程中如出现以下现象均只作为调整，不计次数：采用传球等其他方式触球、测试区域之外触球、垫球高度不足等。

（2）为方便判定垫球高度，可将排球场的球网调整到相应的高度，或者在测试区域外相距 0.5 米处插两根标杆，标杆顶端用橡皮筋或标志线相连，将标杆调整到相应的高度，测试时，通过比较垫球的高度与球网或标志线的高度进行判定。

心理健康测评，就是通过观察人的少数有代表性的行为，对反映在人的行为活动中的心理特征，依照确定的原则进行推论和量化分析的一种科学手段。心理特征要通过测量人的行为来实现，从行为测量中推知心理特征，但心理测量的结果不能绝对化。

八、大学生心理健康的内容

心理健康是指个体心理在自身和社会环境许可的范围内，能达到的良好适应和最佳功能状态。心理健康至少包括以下两方面内容。

（一）能够适应环境，与周围环境保持协调

适应环境包括适应自然环境（如季节、气候的变化等）和适应社会环境（如能进行正常的学习和工作，能与人交往和合作，能够处理好各种人际关系等）。较强的适应能力是大学生心理健康的主要特征，应对所在学校自然环境有较好的适应能力，能和社会保持良好的接触，能正确认识社会、了解社会，其心理行为能顺应社会文化的进步趋势。当自己的需要和愿望与社会需要发生矛盾和冲突时，能迅速进行自我调节和修正，以谋求和社会的协调一致。

（二）心理状态要达到良好的功能状态

心理状态是指认识、情绪、意志等心理活动在程序加工过程中所出现的相对稳定的持续状态。例如，认识过程中的聚精会神状态，思维活动中的灵感状态，情绪过程中的心境状态和激情状态，意志过程中的信心状态

等，都是典型的心理状态。通常，心理状态是人在一定时间内各种心理活动的综合表现。总之，心理健康者的心理状态常常是处于积极的或者良好的功能状态。

九、大学生心理健康的标准

心理健康是相对于不健康而言的，关于心理健康的标准问题，众说纷纭。借鉴当前国内外的学术观点，我们认为，从当前的实际情况看，大学生的心理健康标准可从以下几方面考查。

（一）了解自我，悦纳自我

一个心理健康的人能够体验到自己存在的价值，人贵有自知之明，心理健康的学生了解自己，接受自己，自我评价客观，既不妄自尊大而做力所不能及的工作，也不妄自菲薄而甘愿放弃可以发展的机会，努力发展自身的潜能，即使对自己无法补救的缺陷，也能安然处之。一个心理不健康的人则缺乏自知之明，并且总是对自己不满意，由于所定目标和理想不切实际，主观和客观的距离相差太远而总是自责、自怨、自卑，总是同自己过不去，结果是使自己的心理状态永远无法平衡，也无法摆脱自己所面临的心理危机。

（二）正常的智力，健全的意志

智力正常是人正常生活最基本的心理条件，是心理健康的重要标准。心理健康的大学生应当学习目的明确，求知欲望强烈，乐于学习和工作，能够最大限度地开发自己的潜能，有意识地培养自己的观察力、想象力、记忆力和思维力等智力；同时，他们还注重开发自己的非智力因素，如培养学习兴趣、强化学习动机、捕捉学习灵感、完善学习技巧、注重智力保健等。

（三）心理行为符合年龄特征

在人的生命发展的不同年龄阶段，都有相应的心理行为表现，从而形成不同年龄阶段独特的心理行为模式。心理健康的人认知、情感、言行、举止都符合他所处年龄段的要求，心理健康的学生应该是精力充沛、朝气蓬勃、勤学好问、反应敏捷、勇于探索。如果一个人的心理行为过于老成、过于幼稚、过于依赖，都是心理不健康的表现。

（四）良好的环境适应能力

环境适应能力包括正确认识环境及处理个人和环境的关系。心理健康的学生在环境改变时能面对现实，对环境作出客观的认识和评价，使个人行为符合新环境的要求；能和社会保持良好的接触，对社会现状有清晰的认识，抵制环境中的消极影响；及时修正自己的需要和愿望，使自己的思想、行为与社会协调一致。

（五）协调与控制情绪，心境良好

情绪可以影响健康，影响工作效率，影响人际关系。心理健康的人情绪稳定，心境积极，快乐有度、悲伤有制；能够做到胜不骄、败不馁，即使遭到挫折与失败，也能用理智调节和控制自己，做情绪的主人而不做情绪的奴隶。在社会交往中既不妄自尊大，也不退缩畏惧，对于无法得到的东西不过于贪求，争取在社会允许范围内满足自己的各种需要；对于自己能得到的一切感到满意，心情总是开朗的、乐观的。总之，心理健康的大学生应当在认识、情感、意志等心理活动方面彼此协调，并保持良好的功能状态。

（六）完整和谐的人格

人格指人的整体精神面貌，人格完整指人格构成要素的气质、能力、性格和理想、信念、人生观等各方面平衡发展。心理健康的学生思考问题的方式是适中和合理的，待人接物常常采取恰当灵活的态度，对外界刺激不会有偏颇的情绪和行为反应；能够与社会的步调合拍，也能和集体融为一体，具有积极进取的人生观，并以此为中心把自己的需要、愿望、目标和行为统一起来。

（七）接受现实生活，储存知识

心理健康的人能够面对生活，接受现实。积极投身于生活，并在生活中尽情享受人生的乐趣，而不会认为是重负。对周围事物和环境能作出客观的认识和评价，把工作看作是乐趣而不是负担；同时也能把工作中所积累的各种有用的信息、知识和技能储存起来，能克服学习中的困难，能保持一定的学习效率，能体验到学习中的满足与快乐。

（八）善与人处，乐于合作共事

人际关系状况最能体现和反映人的心理健康状况。心理健康的学生乐于与他人交往，不仅能接受自我，也能接受他人，乐于与人合作，能认可别人存在的重要性和作用。能用尊重、信任、友爱、宽容、理解的态度与人相处，能分享、接受和给予爱和友谊，与集体保持协调的关系，能与他人同心协力，合作共事，乐于助人。如果人际关系不和谐，总是与集体、周围的人们格格不入，经常发生冲突，或者害怕与人交往，则容易导致心理障碍。

（九）具有生存意识、竞争意识和创新意识

现实社会是一个充满竞争的世界。任人唯能、任人唯贤、优胜劣

汰是不可逆转的社会大趋势。可以说，整个人才市场就是一个竞争市场。大学生要有危机感，要具有生存意识，要在竞争中求生存，在创新中求生存。那种嫉贤妒能、不愿冒尖、因循守旧、不思进取的意识，对当代大学生的心理健康是不利的。当然，在竞争中难免会遇到各种障碍和挫折，这就需要理智地分析受挫原因，通过自我调适或者寻求心理咨询，及时地排解心理矛盾，使心理活动始终保持健康水平。

第三节　大学生日常锻炼情况

一、我国现代体育的现状

（一）学校体育在社会、家庭、学校并没有得到充分的重视

在学生的整个教育过程中，不论是社会、家庭还是学校，都没有充分认识到学校体育对学生发展的重要性，或者可以说，即使认识到学校体育对学生的重要性，但并没有把学校体育作为一个重点来看待。学校体育没有得到充分发展的主要原因在于两个方面：一是学校体育在整个教育体系中并没有找到属于自己的位置；二是学校体育没有得到足够的重视。我们提倡的素质教育，要求学生综合素质的提高，然而在学校的课程安排中，体育并不占据太多时间，也就是说，学校体育在学校的整个发展规划中及学生发展的整个过程中并没有找到自己的位置。内外因素都制约了学校体育的发展，比如学校体育场地的不足、资金的短缺、体育器材管理的不善、体育教师人才的缺乏等。

全国政协委员、原商务部副部长廖晓淇列出一组数字：全国义务教育

学校音、体、美教师全额总数为 67 万人，中西部地区缺额为 50 万人。体育教学器材装备也普遍不足，体育器材配备达标学校比例分别为小学体育 50%，初中体育 66%。我国教育的现状决定了我们一方面在宣传素质教育；另一方面在各种教育与应试教育出现矛盾时，都毫无争议地选择保护应试教育。作为学校体育，更不被社会、家庭和学校所重视，甚至会认为只有学校体育与考试成绩有直接关联的时候，人们才会开始重视学校体育，才会认为学校体育也有它的重要性。

政府、社会和学校对学校体育的重视程度直接影响着学校体育的发展。政府在学校体育发展的过程中始终是一个决策者，只有决策者的政策向学校体育倾斜，实施者才会对学校体育给予支持；社会对学校体育的发展是一个监督者和促进者，社会上形成了重视体育的良好风气，由关注学生的考试分数转变到关注学生健康的全面发展，学校体育同样会得到重视；学校是学校体育的实施者，学校从根本上改变对学校体育不重视的态度，学校体育才会从根本上得到发展。

（二）竞技体育的功利性和现行体制制约其发展

竞技体育是以战胜对手、获得胜利为最终目的。如果我们一味看重胜利的结果，势必会让参赛者产生一种为达目的不择手段的心理，为了胜利而违反职业道德。如现代的一些竞技体育竞赛，已完全失去了原本比赛的本质。比赛最初的本意是让参赛者享受比赛的过程，互相学习，取长补短。由于竞技体育的特殊性，而一些人过分追求个人利益，导致竞技体育失去了本来的意义，从而使竞技体育变质。我国现行的竞技体育管理体制也制约了竞技体育的发展。我国的竞技体育管理体制是以政府为指导，以获取国际重大比赛优异成绩（特别是奥运会比赛优异成绩）为目标，以纵向管理为主，各省市之间是作为独立的个体存在的，它们之间的横向联系较少，势必会造成各省市之间独立发展、优势资源浪费、重点项目冲突等问题，阻碍了各省市之间相互的学习和交流，导致各省市"闭门造车"现象的出现。据统计，我国竞技体育后备人才 1996 年有约 30 万人，1999 年有约 15 万人，减少了约 15 万人（约 50%）；竞技体育的一线、三线运动员相对减少，而二线运动员相对较多，一线、二线、三线运动员的配置处于失衡状态。

（三）社会体育缺乏系统科学的理论指导

社会体育既有别于以比赛为目的的高水平竞技体育，又不同于面对学生的学校体育。社会体育是贯穿于每一个个体的一生，占据着每个人生命中大部分时间的一种体育参与方式。同时，由于社会体育的参与者极其广泛，参加的人又力求保持经常性，所以参与社会体育的人所耗用的社会总时间是现今世界上任何文化活动都无法比拟的。即使社会体育在整个社会发展过程有其重要独特的地位，但由于其发展的历程较短，出现的时间较晚，现阶段还没有一套系统科学的理论指导其发展，正处于一种摸索前进的阶段。

目前，我国社会体育指导员的数量远远不能满足我国社会体育的需求，平均约 4 000 人拥有 1 名社会体育指导员，京、津、沪等经济领先城市拥有的社会体育指导员比例相对较高。依据《社会体育指导员现状调查》所提供的数字，初中及以下文化程度的社会体育指导员平均占社会体育指导员总数的 18.1%，而大专以上体育专业毕业的社会体育指导员仅占总数的 13.87%，占所比例最高的是高中非体育专业的社会体育指导员，高达 36.1%，所以，从总体上来说，我国社会体育指导员文化程度偏低，严重缺乏高学历及体育专业的社会体育指导员。

二、优先发展学校体育的现实意义

我国现代体育的发展要摆脱困境，从根本上找到解决问题的途径和方法，就必须在培养各类体育人才方面加大力度，从而给现代体育注入新的活力，促进现代体育的优势发展。学校体育是我国现代体育的基础，同时也是我们从根本上转变现代体育观念、实现现代体育可持续发展的重中之重。

（一）转变现代体育发展观的关键在于学校体育的优先发展

我国现阶段的教育体制，导致了我国学校教育在理论指导和实践活动之间的脱节，这是我国各类教育中普遍存在的问题，这个问题也同样阻碍着我国学校体育的发展。人们关于学校体育的发展主要存在两种观点：一种是单纯的强身健体，开展的主要方式是学校体育课；另一种则是通过学校体育和德育、智育等相结合，综合提高学生的素质，拓宽学生的思维。在实际操作层面，学校体育也像德育、美育一样得不到重视，在重视考试成绩的前提下被人们遗忘在一边。而今，面对越来越激烈的国民竞争，我们必须转变观念，构建学校体育与其他体育教育和谐发展的模式。只有通过优先发展学校体育，才能使这种想法得到人们的认可和支持。学校体育的优先发展一方面可以使学生从本质上认识到体育的重要性；另一方面可以转变人们对学校体育的认识，从根本上了解学校体育。

（二）学校体育优先发展可以促进现代体育的可持续发展及其各组成部分的和谐共存

各类体育人才的缺乏是学校体育发展的瓶颈所在，要想从根本上解决问题，就离不开人才的培养，而人才的培养则离不开教育，尤其是高等学校的体育专业。我国在新中国成立以后对高等学校体育专业的人才培养进行过两次大的调整，培养了不同时期的合格人才。而学校体育培养出的专业人才是着眼于社会当下和未来发展的需求，既能满足社会对竞技人才的需求，又能提升对社会体育发展的指导水平，进而推动现代体育的可持续发展。学校体育的优先发展，首先确保学校体育本职的完成；培养的高素质竞技体育人才不仅满足参加竞技体育比赛的需求，同时还可以提升比赛的规格，体现竞技体育人才的高素质；学校体育培养出的具有科学理论的社会体育指导员，为社会体育的发展注入了新鲜的活力和能量。因此，学校体育的优先发展可以促进现代体育的可持续发展及其各部分的和谐共存。

三、学校体育如何优先发展

（一）转变观念，使学校体育向生活化、个性化方向发展

我国目前的学校体育教育存在着很大的弊端，现代的教育观念要求我们的学校体育教育要适应社会化的发展，适应个体的发展。因此，学校体育教育要具有时代性，遵循每个个体发展的需求，把单调枯燥的技术转变成丰富多彩的主体性体育活动，使学校体育和生活融合在一起，结合个体的特性，实现全面教育的功能。进一步讲，优先发展学校体育必须要推进全面的体育教育，实现其教育人的功能，进而实现其社会价值。

（二）加大高校的培养力度，达到社会对现代体育专业人才的需求

目前，影响和制约我国现代体育发展的关键问题在于专业体育人才的缺乏，进而导致人们对现代体育认识的片面性，这个问题如果不能引起足

够的重视，那么我国现代体育的发展势必会举步维艰。如何才能培养出专业的学校体育人才？最直接的办法就是加大我国大学体育院系相关体育专业的设置，加大高校对于体育专业人才的培养力度，以达到社会对现代体育专业人才的需求。

在重视高校对体育专业人才培养的同时，还要关注和解决我国现代体育内部所表现出的问题。现代体育的发展不仅要依靠外在力量的推动，同时也要依靠自身的内在动力。就目前而言，我国现代体育存在的内部问题主要是现代体育专业在设置上存在地区发展不均衡、专业方向单一等问题。要想解决这些问题，首先考虑的是从宏观上调整现代体育专业设置的区域地点，在中西部地区可以适当增加数量，根据具体情况扩大规模；其次考虑从纵向上不断深化、拓展，细化现代体育人才培养的方向，使其在人才结构上相对合理，在层次上可以涉及各个方面。只有真正做到以上两个方面，现代体育的发展才能形成自己的优势和特色，真正适应现代社会的发展，才有可能为未来社会发展提供需要。

（三）以新课程改革为切入点，全面推进学校体育

与学校一贯遵循的教育体制相同，在新课程改革中，人们更重视学生的主动性和积极性的发挥，即注重的不再是学生单方面的学习成绩，而是将学生的身心全面发展作为教育的重心。这是一个全新的理念，对现代体育的发展来说，更是一个新的契机。学校应该做的就是，让现代体育充分全面地渗透到学生的学习生活中。

学校在制订教学计划时，要将现代体育项目纳入到学校整体的课程计划中，让学生在课堂上接触现代体育；还可以充分利用课外的体育活动时间和体育课开展现代体育，让学生在潜移默化的环境中了解和认识现代体育。在这样的氛围中，学生不仅可以通过学习逐步提高对现代体育的认识，同时也可以得到全面科学的教育。简言之，现代体育的主体是每一个作为

个体的人，只有当人们对现代体育的认识从本质上发生变化，重新了解和认识现代体育的作用和意义，我国现代体育的发展才能从根本上找到出路。

然而，观念的更新和转变是需要通过提高文化主体的人的素质来实现的，只有通过教育才能提高人们的素质。只有优先发展学校体育，普及人们对现代体育的认识及培养社会所需的各类体育专业人才，才能使现代体育具有内在的发展动力，才能让现代体育走上可持续发展的道路。中华民族依靠每一个个体的发展来强大自身，只有尊重每一个个体的教育，才是中华民族真正需要的教育。我们可以借鉴和吸收优秀的国外教育理念和方法，同时也应保持我国独特的民族元素，才能使我国的现代体育在多样性和可持续性共存的状态下得到发展，才能使中国的体育事业更加科学化、全民化和生活化。

第四节　参加体育锻炼的营养保健

一、不同运动项目的营养特点

在大学生经常进行的体育锻炼活动中，因各个项目代谢特点不同而对营养有着不同的需求特点。

（一）跑步类项目的营养特点

1. 短跑

短跑是体育竞赛活动经常设立的一个项目。它是以速度素质为基础的无氧代谢供能为特点的体育竞赛活动，工作时间短、强度大，要求有较好的爆发力。在膳食中要有丰富的动物蛋白质，以增大肌肉体积，提高肌肉质量，蛋白质的摄入量每日每千克体重 3.0 克左右。另外，要求在膳食中增加磷和糖的含量，为脑组织提供营养，改善神经控制和增强神经传递，动员更多的运动单位参加收缩。还要求在膳食中增加矿物质，如钙、镁、铁及维生素 B1 的含量，以改善肌肉收缩质量。

2. 长跑

长跑是以有氧耐力素质为基础，以有氧代谢供能为特点，要求有较高的心肺功能及全身的抗疲劳工作能力的体育竞赛活动。长跑虽强度较小但时间较长，体力消耗较大，要求膳食中有全面的营养成分，增加机体能源物质的储备，在丰富的维生素、矿物质成分中，突出铁、钙、磷、钠、维生素 C、维生素 B1 和维生素 E 的含量，有利于提高有氧耐力。

（二）体操类项目的营养特点

大学生喜爱的健美操及在一些学校体育活动中开展的竞技体操和艺术体操，技巧动作复杂、多样，要求有较强的力量、速度及良好的灵巧性与协调性，对神经系统有较高的要求。其营养特点是高蛋白质、高热量、低脂肪，应突出铁、钙、磷的含量及维生素 B1、维生素 C 的含量。需引起注意的是，参加此类项目有时为比赛必须控制体重，但不能过分控制饮食，避免造成营养不良。

（三）球类项目的营养特点

球类项目对力量、速度、耐力、灵敏、柔韧等素质有较高的要求。食物中要含丰富的蛋白质、糖及维生素 B1、维生素 C、维生素 E、维生素 A。球的体积越小，所摄入食物中维生素 A 的含量应越高。足球活动时间较长且在室外活动，矿物质、水分丢失较多，应及时补充。

（四）游泳项目的营养特点

游泳项目在水中进行，机体散热较多、较快，冬泳更是如此。游泳锻炼要求一定的力量与耐力素质，要求在膳食中含有丰富的蛋白质、糖和适量脂肪。在水温较低时出于抗寒冷需要，可再增加脂肪摄入，维生素以B1、维生素 C、维生素 E 为主，同时增加碘的含量，以适应低温环境甲状腺激素分泌增多的需要。

二、体育锻炼时营养摄取的要求

饮食对于运动表现非常重要，足够而均衡的饮食可使表现更趋完美。经常参加健身运动的人，如果缺乏营养保证，消耗得不到补充，机体处于"亏损"状态，则运动后疲劳不能及时消除，所以在运动以后可通过合理的营养膳食来补充消耗的能量和营养物质。

1. 常规饮食

对大多数喜爱运动的人来说，常规饮食应包括 60%～70%的糖类，12%左右的蛋白质，以及 18%～28%的脂肪。一般来说，健身运动者和其他人一样应该严格控制脂肪，尤其是饱和脂肪酸。健身运动者每千克体重需要蛋白质 1.0 克，高出正常人 0.8 克每千克体重，健康的饮食容易达到此要求，不用再补充蛋白质补剂。爱好运动的人消耗的热量常高于正常人。所以饮食中需要补充额外的热量，糖类是最佳的能量来源。

2. 应多补充蔬菜、水果

每天至少食用新鲜蔬菜 500 克，品种最好有 2～3 种，以新鲜深色蔬菜为佳。植物油根据菜肴的情况使用烹调油，全天可用 20～30 克。

3. 进行健身运动，特别是剧烈运动时的营养摄取

人体依靠大量出汗达到机体散热的作用，同时导致大量的水分和电解质经由汗水流失，所以，运动后及时补充水分和电解质非常重要。一般来说，健身运动后补充的饮料都为糖盐水，也可饮用菜汁、果汁、咸菜汤等。补充水分的方式是少量多次为宜，不宜 1 次饮用大量水。

4. 运动后饮食安排的要求

① 忌立即进食，至少休息 1 小时。

② 食物要细软，易于消化，忌暴饮暴食或过饥过饱。

③ 要有规律，每餐基本做到定时定量，一日三餐为宜，如有必要可加餐一次。

第五节　体育锻炼后应了解的事宜

一、运动后肌肉酸痛

不少同学有过这样的体会，在一次活动量较大的锻炼后，或是隔了较长时间未锻炼，又开始锻炼之后，常常会出现肌肉酸痛。这种酸痛一般发生在运动结束后较长时间或 1～2 天后。从事不同的体育运动项目，在个人身上表现的酸痛症状差异也很大。

（一）肌肉酸痛产生的原因

肌肉酸痛是由于机体能量物质（ATP、CP 和糖原）消耗过多，或是隔了较长时间未锻炼而刚恢复锻炼时，肌肉对负荷及收缩放松活动未完全适应，会引起局部肌纤维及结缔组织的细微损伤，以及部分肌纤维产生痉挛所致。由于这种肌纤维细微损伤及痉挛是局部的，因而就整块肌肉而言，仍能完成运动功能，但存在肌肉酸痛感。酸痛后，经过肌肉内局部细微结构的修复，肌肉组织会变得比以前强壮，以后再经历同样的负荷就不易发生酸痛现象了。

（二）怎样预防消除肌肉酸痛

预防肌肉酸痛的发生应注意以下几点：

① 根据不同体质、不同健康状况科学地安排锻炼负荷，负荷不要过大，也不宜过猛；

② 锻炼时，尽量避免长时间集中练习身体某一部位，以免局部肌肉负担过重；

③ 准备活动中，注意把即将练习时负荷重的局部肌肉活动得更充分些，可有效地预防损伤；

④ 整理活动除进行一般性放松练习外，还应注意肌肉的伸展牵拉练习，可预防局部肌肉痉挛，从而避免酸痛的发生。

二、消除疲劳的措施

疲劳是一种生理现象，只要不是因疾病所造成的疲劳，都不影响身体健康，对参加锻炼的人来说，达到一定程度时，人体就会产生工作能力暂时下降的现象，也就是说出现了疲劳。运动生理学认为，疲劳对人体来讲是一种保护性机制，同时，疲劳又是一种量的标志，所以"没有疲劳就没有锻炼"的说法是有道理的。但是，如果在锻炼中过早产生疲劳，就会影响运动能力。人如果经常处于疲劳状态，前一次疲劳还没有消除，而新的疲劳又产生了，这样就可能产生累积，久而久之会造成过度疲劳，那可能就是一种病理状态，反而对人体健康不利。因此，在锻炼后应采取一些积极措施，尽快消除疲劳，使机体出现超量恢复，从而不断提高锻炼能力和身体健康水平。

（一）疲劳的自觉症状

疲劳后出现各种症状，但在个人身上表现出来的疲劳症状个体差异很大。有的头部沉重头昏眼花、眩晕、全身乏力；有的动作迟钝、注意力和精力不集中、呼吸困难、心情不好、脚步沉重；有的口舌发干、发黏、出冷汗、心悸、恶心甚至呕吐；有的出现肌肉痉挛或疼痛、眼睛疲劳、视线模糊等。

（二）疲劳的客观体征

动作僵硬，不协调，运动积极性下降，步伐紊乱，判断力和反应速度下降，运动单调化，动作失误增多，在运动过程中发生肌肉痉挛，力量不足，斗志下降等。

（三）消除疲劳的措施

消除疲劳措施多种多样，现介绍常用的医学恢复手段和心理学恢复手段。

1. 睡眠

保证充足的睡眠时间是消除运动性疲劳最好的方法之一。休息是消除疲劳的必要手段。休息的方式，除了睡眠以外，还可采用一些积极性休息手段，如散步、听音乐等，亦可转换一种方式进行体力活动，较之单纯性的安静休息，更有积极意义。

2. 按摩

按摩是消除疲劳的重要手段之一。按摩能加速血液和淋巴循环，消除疲劳，提高身体机能水平，还有防治运动损伤的作用。常用的按摩手法是手按摩，当然，有条件的还可以借用机械进行按摩等。

3. 物理疗法

物理疗法主要采用沐浴和局部热敷的方法。沐浴能促进血液循环，放松肌肉，加快代谢产物的消除，有助于消除疲劳。最简单的方法是用温水浴，水温以 40 ℃左右为宜。局部热敷能减少肌肉中酸性代谢产物的堆积，消除肌肉僵硬、紧张及酸痛，热敷的水温度以 47~48 ℃为宜。

4. 心理恢复法

心理恢复法的恢复手段包括心理调整、自我暗示和放松练习等手段。心理恢复法能减轻压力，达到放松肌肉、消除疲劳的目的。

5. 营养与药物

营养是恢复过程的物质基础，合理的营养补充，有助于加快疲劳的消除和体力恢复。应补充足够的蛋白质、维生素、无机盐和水。药物恢复可采用氨基酸，维生素 C、维生素 B2、维生素 B6 等。

第六章

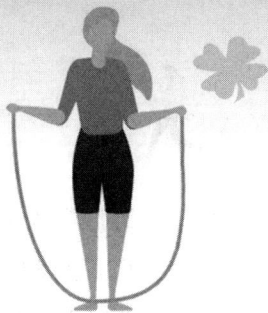

高校体育教育与体育文化的融合

体育教学在一定程度上也是学校体育文化的重要组成部分之一。只有将体育教学与学校体育文化深入融合在一起，才能促进两者共同发展。体育教学与学校体育文化既各有方向又有融合发展，本章主要就两者的融合发展展开详细分析。

第一节　体育教学改革中的文化动力

一、体育教学改革中的文化动力方向

（一）体育教学改革中的内向文化动力

内因是事物发展变化的根本原因。体育教学改革中的内向文化动力，具体是指学校体育教学活动中的参与主体体育教师文化、学生文化，以及教学活动中将教师和学生关联起来的体育文化。这些构成体育教学活动的因素，为体育教学的改革提供了根源性、本质性的文化动力。促进学校体

育教学改革的动力源是内部文化矛盾，分别表现为体育教师与学生的矛盾，教学目标与教学实际的矛盾。这些矛盾之间相互作用，形成了体育教学改革中的内向文化动力。

1. 体育行为主体的内向文化动力

体育行为主体，即为体育教师与学生。在体育教学中，体育教师的主导性与学生自主性之间的矛盾，是学校体育教学改革的重要动力。在学校体育教学中，倡导学生充分发挥自主性，使学生在体育课堂占有主体地位，因此在参与体育学习的全过程中，学生要达到四方面的要求：积极参与体育活动；利用自己的体育知识与经验，认知体育新知识和新技能；将外界体育教育影响同化；能够主动吸收、改造、加工体育知识，优化和组合新旧知识体系。在此基础上，学生可以有效发挥自己的想象力、变化能力以及创新能力等培养自己的创新性思维。这对学生的自主性提出了较高的要求，要做到能够独立自主地安排自身体育学习策略，尽可能地自我支配体育学习活动、自我调节与控制体育实践活动，在个性化学习方式和自主学习行为两方面得以体现。需要注意的是，学生学习的自主性，在实际操作中可能会被强化教师主导性的这一举措削弱。因为很多教师的教育观念并没有转变，其对体育教学仍旧抱有传统教学理念，在此理念指导下的教学活动会突出教师主导性，形成教师负责教、学生负责学、教师教学过程是对学生单项培养过程的局面。在传统教学过程中，课堂主宰者是教师，教学主体是教师，教学过程中的重点是统一性，学生的个体差异性被忽视。在教育改革的大前提下，师生间的核心矛盾不再是单方面的普通矛盾关系，这一矛盾是体育教学呈现出动态性特征，促使体育教学改革持续进行，成为体育教育改革的重要动力来源。

理想的体育课是深受学生喜爱的，在体育运动中能够体验乐趣，能够充分满足学生的运动需求。但现实中，能够积极参与到体育活动的学生较为有限，学生抱怨体育课无聊的声音经常出现。教育学中提到的要求教师灵活运用多种教学方法，广泛存在于体育教学中，但不管教师运用哪一种教学方法，都有可能会有一些学生对一些体育课程接受吃力。尽管教师难以调和此类矛盾，但此类矛盾的积极影响是推动了体育教育的改革。

2. 体育教学活动的内向文化动力

在体育教学过程中，体育教学目标既是出发点又是目的地。体育教学目标是学校体育教学设计环节的核心，其他方面的设定均需围绕其展开。体育教师是体育教学目标的制定者，在制定体育教学目标时要注意具体体现其两方面的作用：一是体育教学目标决定着体育教学的方向，二是体育教学目标指导着具体教学过程和活动的方向。另外，在设定体育教学目标时，要注重其重要特征，即灵活性和实用性。在保障当前技术手段和体育教学资源充分被利用的同时，还要与学生身心发展相结合，通过定性测评或者定量测评来及时调整体育教学目标。

在开展体育教学的过程中，体育教学目标与体育教学实际在某些方面是不能达到统一的，如教学评价与教学目标的契合度不够。教学评价确切化在体育教学中极为必要，然而要在各项具体化的体育教学目标中一一落实，却无法实际做到，这使体育教学评价过程出现较大困难。如体育道德素质评价就不存在统一的标准，而且道德素质评价也无从下手。由此产生的体育教学目标和教学评价两者间的矛盾无法调和。体育教学目标和教学实际（如教学评价）两者间的矛盾向体育教学改革提出的要求是持续探寻一种平衡过程中的向前发展方式。

（二）体育教学改革中的外向文化动力

外因是事物发展变化的推动力。体育教学改革中的外向动力是物质文化、制度文化和精神文化的提升。我国高速发展的物质文化、制度文化和精神文化推动了体育教学的发展，实现了一定的体育教学的创新与发展。身处网络信息时代，体育教师可以充分利用网络资源，开展视频音频等多媒体课件教学，更加高效生动地开展体育教学活动。

1. 主要外向文化动力及相互作用

体育教学改革的主要外向文化动力指物质文化动力、制度文化动力和精神文化动力。物质文化是制度文化的基础，制度文化是更深层次的文化。国家提出的体育教学改革，就是制度文化方面的改革，是以物质文化发展为前提的。制度文化的发展改进是为了满足人们两方面的基本需求：一是社会活动中产生的合理处理人与人之间关系的需求；二是社会活动中产生的合理处理人与群体之间关系的需求。精神文化是在人们最基本的需求被满足后，超越基本需要而产生新的需求，与文化层面的其他文化相比，内在性、超越性、创造性是精神文化最能体现的。

物质文化、制度文化、精神文化三者相互作用于体育教学的改革。但是三者给予体育课程改革的影响又有不同之处。

美国著名社会心理学家马斯洛的需求层次理论认为，当人们处于较低层次的需求时，高层次需求也会随之产生，高层次需求来源于低层次需求。所以物质文化、制度文化、精神文化三者之间，无论是属于高层次需求还是属于低层次需求，其关系是相互联系、不可分割的。精神文化取决于物质文化和制度文化，同时精神文化对物质文化和制度文化具有反作用，这是长久以来形成的人们的共识。

2. 外向文化动力内化为内向文化动力

事物的内部因素与外部因素互相作用，相互转化，促进了事物的发展变化。体育教育改革的文化动力是由体育教育的内向文化因素与外向文化因素等多种相关的文化因素之间的众多矛盾，共同作用而形成的。体育课程改革的文化动力由动态平衡到内化为内向动力，经过是复杂的。

由上述可知，多种文化因素共同组成了体育教学的文化动力，当其被多项作用力共同作用，出现动态平衡状态时，体育教学就可以实现稳定发展；当出现"震荡"状态，就要求展开适当调整，即体育教学改革就必须进行。然而体育教育改革想要一蹴而就也是不现实的，它必定是一个持续发生的过程，需要伴随在各种文化动力的发展变化而持续适应与调整。

体育教学改革的文化动力源头是多种文化动力因素间矛盾的相互作用。当内向文化矛盾与外向文化矛盾处于互相作用的情况下，而体育教学被不对称的信息流打破平衡，不能正常交流时，体育教学改革才能汲取动力顺利进行。分析体育教学内向文化和体育教学改革的关系可知，前者产生的矛盾是后者的主要矛盾，是主要动力；后者是次要矛盾，次要动力。但是要促成一件事物的发展变化，既要抓住主要矛盾，又不能忽视次要矛盾。体育教学改革具有复杂性，在统筹全局抓住重点关注内向动力的同时，也不能放松对外向动力的关注。

体育教学活动，为体育教学改革中各外向文化动力提供了舞台，是其内化为内向动力的主要方式，对体育教学改革的成功与否发挥着重要作用。体育教学外向文化动力内化为内向动力的持续作用，伴随着体育教学改革进程持续进行。

二、体育教学改革文化动力因素分析

体育教学改革的文化动力因素，主要来自内向文化动力因素和外向文化动力因素两个方面。

（一）内向文化动力因素分析

学校体育教学改革内向文化动力因素主要包括体育教学活动中的体育行为主体即体育教师和学生、体育教学目标、体育教学内容、体育教学方法、体育教学评价。

1. 体育教师

教师不仅传道授业解惑，同时还担负着思想道德的教育者这一职责，体育教师能在很大程度上推动学生身心健康成长。作为学校体育文化主体之一的体育教师在教学中的作用：一是根据实际情况来设计体育教学，二是向学生传授相关的体育知识与经验，三是组织各项与体育教学相关的活动，四是对学生的体育学习活动产生引导作用。

优秀体育教师具备扎实丰富的基础性知识，属于基础性知识的主要内容包括政治理论、政治时事、政策知识、人文社会科学知识、生物学相关知识。对这些知识的合理应用是体育教师高效完成教学工作的基础性条件。

在具体体育教学过程中，体育的地位、本质功能、一般规律、一般特性、教学目的、教学任务、教学规律、教学特点、教学原则、教学方法等都属于体育教师需要首先掌握的。除基础性知识以外，体育教师教学能力还体现在其专业知识和专业技能方面，体育教师还需熟练掌握与运用各运动项目的基本理论、动作技术、动作战术、规则、裁判方法、教学与训练原理、教学与训练方法等。

体育教师在体育教学实践中，不同学生心理素质差异性很大，要通过自己掌握的与体育教学相关的原理和方法充分结合学生心理特征，灵活运用多中教育方法与教学技巧，高效传递理论知识与体育技能，进而使学生的综合素质得到本质提高。体育教师需要拥有素质教育的教育思想与观念，还必须不断更新自身的教学观、人才观、学生观以及教育质量观。只有这样，教师才能更好地服务于体育教学，促进体育教学改革。伴随社会的进步发展，对人的综合素质提出了越来越高的要求。体育教师要想更好地服务于体育教学，不仅要掌握必需的专业知识，还需积极掌握和体育相关的知识，如体育管理学、体育人类学等，只有持续拓宽知识面、丰富知识结构，才能不被体育教学改革淘汰。也就是说，优秀的体育教师，不仅具备扎实的文化知识与高超的体育技能，而且具备较高的个人素质和崇高道德品质。具体表现在三个方面。一是热爱学生，公平对待每个学生，因材施教，促进学生全面发展；二是严于律己，以身作则，保持为人师表的自律性，在细枝末节处给学生以积极影响；三是爱岗敬业，有乐于奉献精神。拥有这些优良品德的体育教师是体育教学改革的参与者、直接推动者、是关键的内向文化动力因素。

2. 学生

作为学校体育文化主体之一的学生，在体育教学活动的全过程中占据着关键地位，是教学活动的对象。在深化体育教学改革的过程中，在教学对象，即学生方面出现了以下特点。

一是学生的成长需要体育教学保持进步性。在体育教学过程中不难发现，学生的身心特点有显著的差异性，发展高度参差不齐，逐渐形成或已经形成自身思想意识和独立人格。在此情况下，如果体育教学课程适当、教学方法合理，学生就能够将自身积极性发挥出来，自主参与体育教学活动接受塑造和教师协同完成特定教学任务。然而上述的"如果"在体育教学课堂通常很难实现，学生自身的各种特性增加了体育教学的难度，但是也正是由于学生在体育教学活动中表现出来的成长所需的体育教学要保持的进步性，推动了体育教学不断改革，进而使学生持续变化的需求得到更好的满足。

二是教育的目的需要学生保持超越性。教育极为重要的目的是培养与激发学生的潜能超越自我。而学生要求对自我的不断超越就成了体育教学改革的最大动力。由此可知，学生对自我超越的需求是体育课程改革的关键性依据，如当学生掌握体育教学标准要求的目标之后，将不再满足标准，而渴望更高更快更强。学生不仅是体育教学改革的重要参与者，还是体育教学改革的参与主体之一，也是体育教学改革一个重要内向文化动力因素。

3. 学校体育教学目标

学校体育教学目标是在学生实际参与的、和体育内容相关的教学情景中,对最终学习成果的预期标准。学校体育教学目标的制定者是体育教师,是开展具体体育教学活动的重要依据,具有灵活性与实用性的特征。针对具体的教学过程和教学活动,体育教学目标既是体育教学活动的依据又是标准,而且对体育教学活动的开展还具有导向激励的功能。

体育教学内容丰富多样,有常见的体育运动项目,也有与体育保健有关系的知识与技能。正确合理的体育教学目标极为重要,它表现在以下几个方面:一是为体育教师面对特定教学内容选择适当教学方式提供依据;二是界定教学内容;三是针对教学内容提供导向;四是为教学内容提供有价值测评。体育教学目标影响与制约教学内容和教学活动的一些原则。在具体实践中,体育教学内容结构形式、体育教学组织形式、体育教学具体实施均会受到体育教学目标的影响与制约。如教学活动组织的严谨程度与方法会因为体育教学目标的高低程度不同存在很大的差异性。体育教学目标是体育教学评价的基础性标准。体育教学目标是评价体育教学价值与效果的关键依据,体育教学管理部门通过系统性、客观性评价体育教学的结果,能够得到有效数据与结论,体育教学管理部门可参照具体评价,对体育教学指标展开调整,推动教学水平进步和学生之间的适配性,从而推动体育教学改革。

在具体的体育教学活动开展中,学校体育教学目标有导向激励功能。首先,体育教学目标在体育教学活动中具有指明方向的作用,但是其设定必须要与时代同进步。社会在迅速发展,时代的要求有时会领先于课程和教学目标,体育课程实际发展情况和课程与教学目标之间的矛盾也必然存在,要解决这一矛盾体育教学改革也必须逐步深入。其次,体育教学目标在体育教学活动中有激励功能,虽然并非每个学生均能达到设定的体育课程教学目标,但是目标在,就有学生刻苦努力,超越自我。一方面,体育教学目标能鼓舞学生不断超越自我；另一方面，体育教学目标能不断推动体育教学改革的进程。

4. 学校体育教学内容

学校体育教学内容是指教育者参照教学的系列要求，多角度总结前人在体育与教育方面的经验，遵循教育原则，在多项体育技能理论中挑选来的体育知识和技能。选择教学内容时遵循将实现体育教学目标作为最终目的，将体育教学活动的学生作为分析对象的原则。因为体育教学内容对教师和学生来说是两者间交流的媒介，对两者间的信息交流，教学的效果与质量起着关键性的作用。总体来看教学内容的合适与否，对体育教学改革有重要影响。具体来说，能否合理制定教学内容有以下几点参照。

一是形式教育与实质教育指导下的内容选择。体育教学应将培养学生多项能力摆在重要位置，同时努力发挥学生的主观能动性，不应当只注重学生单项技能与知识的学习，这是形式教育的方式。

体育教学的教学内容在形式教育与实质教育上存在很多差异性，然而形式教育与实质教育相互竞争、有形成互补关系不可替代，共同推动了体育教学改革的深化。

二是科学主义与人文主义指导下的内容选择。体育教学的主要内容是自然科学知识，身体锻炼是参与体育课的唯一价值，数据是衡量身体锻炼的唯一标准，这是科学主义教育的观点。科学主义指导下，体育教学内容的展开过度重视"科学"，忽视了学生心理在体育教学中的位置，有一定不足。人文主义教育的观点则是：将培养学生情感、态度、价值观视为教学过程的重要环节，把培养"完整的人""自我实现的人"放在首位。在此观点指导下的教学内容缺点是，与前者相比可能导致学生身体素质、运动技能、运动技术稍弱。

不可否认，科学主义和人文主义的持续争论与竞争，深化了体育教学改革。

5. 学校体育教学方法

体育教学方法是指体育教学活动中教师教与学生学的多个方式、途径和手段等方面的总和，也是体育教师和学生两者间行为关系总和。体育教师灵活运用多种方法，师生间密切配合，是教学活动顺利进行的保障，单方面运用教法或学法都是不可取的。

学校体育教学方法的选取与运用离不开教学目的与教学实践的参照。任何学科的教学方法，均需将教学目的作为出发点。体育教学进行分析，教学方法数量众多，体育教学方法得到应用的重要原因是要达到体育教学目的。要使教学方法得到本质创新与丰富，就要密切联系教学实践。时代的发展与进步，使社会形态、各项技术以及教学理念等均得到了持续改善，随之教学方法在不断创新的道路上越走越快。这些因素都成了促进体育教学改革的直接内向动力因素。

科学技术的发展与改革对体育教学方法的发展与改革产生了巨大影响。运用计算机系统，师生立足于不同侧面、不同速度、不同部位的动作分析和研究成为现实，大幅度提升了教学质量，这一背景下很多崭新的体育教学方法相应产生。计算机科学被广泛普及于体育教学中，促使越发标准和科学的动作示范出现，搜集与整合相关资料更加便捷，学生学习的空间与时间限制被弱化，实时性信息沟通变成可能。为紧跟社会发展节奏，充分满足学生体育需求，体育教学内容一直处在发展与变革中，体育教学方法由此产生。当前，体育教学中课堂教学有一定延伸，大量加入定向运动与野外生存两方面的内容，因此体育教学活动的野外组织与教学方法的开发范围也更加广泛。

在体育教学改革中，体育教学方法的影响比较隐形，但也不容忽视，只有充分借助教学目标或者教学内容，体育教学方法的影响才能得到有效发挥。

6. 学校体育教学评价

教学评价是对教学目标达成程度较为精确的确定，是对教学效果和教学质量的测评。教学评价的变化是引起体育教学改革的因素之一。体育教学评价的变化包括以下三个方面。

第一方面是教育质量观之间的对立。观点一：体育教学只有在知识储备足够的前提下，学生才能获得新知识或者构建知识体系，体育教学评价以学生掌握的学科知识为基准。观点二：教学评价要依照每个学生的认识、情感、兴趣、意志、品质等方面的实际情况来展开，把学生视为在特定阶段自我实现的人。体育教学评价模式受不同教学质量观的制约和影响，而不同的教学质量观相互协调，使体育教学改革不断推进。

第二方面是个人本位和社会本位之间的冲突。个人本位思想是：要将学生个体的发展需求放在重要位置，训练目的是使学生实现自我，不是使学生成为社会工具。社会本位思想的观点是：服务社会是教学目的，应当以社会需要为依据对学生进行改造。个人本位思想和社会本位思想间的竞争从未间断，体育课程评价常常在这两者间摇摆偏移，这在一定程度上为体育教学改革提出了要求。

第三方面是教学规律和社会发展之间的矛盾。体育教学具备其特定规律，对体育学科规律的重视，引发了教学规律和社会发展间的矛盾，例如有时会使对学生、社会以及职业的有益知识技能被排除在体育课程体系外。在我国，由于对西方先进教学理念的学习，使体育教育理念领先于实际国情，如此，教育规律和我国社会实际发展情况两者间的矛盾越发显著。教育规律和社会发展间的矛盾，使我国体育教学评价体系处于不明晰的状态。

以上提到的对立、冲突、矛盾致使体育教学评价处在变化之中，体育教学的其他方面也会随之发生变化。由此可知，在体育教学改革中，体育教学评价也在关键性因素之列。

（二）外向文化动力因素分析

体育教学改革的外向文化动力因素主要包括社会文化、教育文化、体育文化，这三者分别对体育教学改革有不同的外在影响。

1. 社会文化

社会文化是由社会各个领域和多个层面共同构成的。整体社会文化对某一领域某一层面的文化有促进或者阻碍作用，这也促使某一领域或者某一层面的改革和进步。教育和社会的关系密不可分，学校体育文化在一定角度来看，是社会文化的一个领域一个层面。对于整个社会的文化传承来说，教育属于关键性手段，学校体育文化不可或缺。我国社会文化的重要内容是群体价值，而如今体育教学倡导重视学生个性的发展。由此，如何使学生个性得到充分发展而又符合社会文化的要求，为体育教学改革提出了要求。

2. 教育文化

我国教育文化的显著特点是民族性。中国传统教育观最重要的一点是由"科举制"历程中传递而来的，它认为获取政治地位是学习的目标，体育教学对这一目标无任何意义。改革开放到今天，外来文化在我国教育文化中发挥着作用，中国体育教学受到了不同外来文化的强烈冲击，教育文化主张重视人的发展。当前在教育文化的观念中，爱国主义教育、集体主义教育、社会主义教育占有重要地位，这是我国教育的根本立足点。但是体育教学中保有传统教育的影子，重视以传统的教学方法，传授知识技能，而忽视了学生的个性发展，这一矛盾推动了体育教学改革。

3. 体育文化

在欧洲体育诞生的萌芽时期，欧洲各国的学校就出现了各种形式的体育运动，体育运动诞生之后，成为世界各国学校不可缺少的教育内容。体育文化是在体育教学过程中产生的，而体育运动是在体育教学文化指导下由游戏和竞技活动演变而来的一种身体运动方式。体育运动之所以能够广泛传播其根本原因在于其本身的价值使然，体育的教育价值寓于体育运动之中。体育文化受教育文化和社会文化的影响，伴随其一起进步发展，正如教育文化受西方现代教育观念的影响程度不同，体育文化表现出其特点。东西部经济发展不平衡，造成东部地区的西方现代体育文化发展迅猛，而广大西部地区中国传统体育文化依然存在。这一问题造成传统体育文化和现代多元体育文化并立的现象，这对体育教学改革的平衡性、特色型进程有推动作用。

三、体育教学改革中的文化动力的特性

体育教学改革中各个文化动力之间表现出的动力，既有其个性又有其相互作用的特性。具体来说就是：动态突变性、方向层次性、协同差异性。

（一）动态突变性

社会不断向前，社会文化、教育文化不断向前发展，所以体育教学始终处发展变化之中，使体育教学改革的文化动力拥有动态性特征。不同文化因素在动态的彼此作用和彼此影响下，使得体育教学改革也持续向前。

文化动力的突变性是在文化动力的动态性基础上实现的。文化动力由动态量变达到质变，发生突变。体育教学改革的文化动力的重要反映是体育课程内部体系，人们难以察觉、关系复杂的突变现象所呈现出的"突变性"。在体育教学的实践活动中，当这些促成体育教学改革的文化动力被我们注意到时，突变已经处于完成状态。

（二）方向层次性

文化特有的性质，决定了体育教学改革的文化动力具有方向性特征。

方向性是开展体育教学改革的指导性依据。例如满足学生自我超越的需求是当下的重要目标，所以体育教学改革会围绕其展开。层次性特征是指，存在于体育教学改革中的动力方向的作用不同，包含内向动力与外向动力两种，其中内向动力为主要动力，外向动力为次要动力。另外，体育教学改革过程中不同文化均会呈现出层次性特征，表现出其对改革的不同作用力。

（三）协同差异性

不同文化动力因素间相互协调，致力于推动体育教学改革的发展，这就是各文化动力因素间的协同性特征，它广泛存在于各项文化动力因素中。内向文化动力或者外向文化动力内部，各个要素既相互竞争又相互合作的精神会被不同文化因素在学校体育教学的改革中表现出来。各文化动力对体育教学改革的影响各不相同，这是文化动力因素差异性表现。文化动力因素会根据时期和领域的不同，而出现很大差异性，如体育教学目标的设定受社会文化的影响，在大力发展竞技体育的阶段，体育教学的竞技化特征明显。

第二节　体育教学与体育文化的关系

一、体育教学

（一）体育教学的界定

体育教学的界定分为两层。一层是身体方面的。体育教学是一种教学活动，是指体育教师在教学过程中以体育教材为媒介，指导学生学习和掌握体育知识、体育技术、体育技能等，同时使学生养成良好的体育锻炼习惯。形成全面健康的身心状态。另一层是心理方面的。体育教学属于学校体育文化的基础形式。教师和学生是体育教学实践活动的主要参与者，教师除了有效传递给学生体育知识、体育技术以及体育技能等身体要接受的教育之外，更要注意培养其养成良好的意志品质和良好的心理状态。总之，体育教学在身体和心理两个方面都对参与主体，即教师和学生提出了要求。

（二）体育教学的要素

1. 体育教学的主体要素

体育教学的参与主体是体育教师与学生。体育教师在体育教学中有导向作用，在具体的实践教学中运用教师的功能进行教学。如制订教学计划，组织教学活动，传授体育知识和技能，管理教学设施，监督学生训练或者在教学过程中及时调节教学目标。所以教师对待工作的状态、教师的综合业务水平以及实际组织能力等因素，直接影响体育教学质量。学生是体育教师教学过程施教的对象，而且在体育教学过程中占有主体地位。在体育教学实践过程中，学生要达到学习效果，就要主动接受教师传授的知识与技能，充分发挥自身主观能动性，来调动自身智力因素与非智力因素高效完成教师布置的教学任务，这样学习效果才能得到本质提高。学生群体存在个性差异，所以在体育教学过程中，不单单要求体育教师要因材施教还要求学生要发挥自己的主观能动性，师生共同努力才能高质量完成体育教学任务。

2. 体育教学的非主体要素

体育教学的非主体要素中，体育教学目标、体育教学内容、体育教学方法、体育教学评价等能够体现社会和教育向体育教学提出的要求，对学生培养应该达到的程度。这些要素围绕体育教学主体展开，并且充当着教师"教"与"学生"学的纽带，对学校体育教学的开展具有导向作用。

另外，体育教学设施作为体育教学的媒介，也是体育教学的非主体要素之一。高效提升体育教学质量的重要影响因素是媒介条件的好坏。在特定时间和空间内，将体育教学信息通过媒介，如教材、场地器材、环境设备等高效传递并且实践的过程就是体育教学。教学方法是指根据体育教学目标使学生和物质媒介有效串联，调控体育教学，达到教学目的的行为方式。实用性、安全性、抗干扰性、有针对性是体育教学媒介必备特征。分析体育教学实践可知，动态结合和变化多样是体育教学主体要素和非主体要素的重要特征，这就要求体育教师发挥其导向作用，及时调节体育教学的步调。体育教师自身要对教学技巧深入学习和纯熟运用，以此来调动学生的主观能动性，调控好体育教学的非主体要素，尽全力高效完成体育教学的任务。

（三）体育教学的方向

1. 以满足人体发育规律的要求为方向

在"以人为本"的教育理念下就确定了：体育教学是以人体的发育规律为方向的。体育教学的主体中学生是受教育方，体育教学按人体发展规律来培养其体育素质有至关重要的影响。有研究表明，我国国民多项素质发展的最高值主要在学生阶段，其中大学时期尤为集中。所以大学体育教学要设定科学性强、系统性强的体育教学计划，来满足大学生的各项身体素质发展的要求。大学阶段的体育教学能够对学生培养良好的体育锻炼习惯和身心意志产生深远影响。

2. 以培养学生参与体育运动的兴趣与能力为方向

体育教学要以学生参与体育运动的兴趣与能力为方向，吸引学生注意力，激发学生体育运动兴趣，从而提高体育教学效果。体育教师要把学生生理特点、心理特点以及智力特点作为参考依据，有机结合体育运动的趣味性、目的性以及对抗性，采用循序渐进的方式使学生掌握相关知识，在兴趣中获取各项能力。另外，教师要培养学生体育运动欣赏能力和体育运动参与能力，促使体育运动成为学生终身兴趣，以获得身心健康发展的途径。

3. 以促进学生综合素质的全面发展为方向

体育教学要同时培养学生德智体美全面的综合素质。首先，体育方面，要学生在体育运动中获得运动专业知识与技能的发展。其次，在德育方面，一些运动项目要求学生战胜身心两方面的困难，是对学生意志力的锻炼。学生要以道德规范与道德准则为第一位，通过自身努力实现目标。再次，在智育方面，体育运动项目中有些对体育运动者的判断分析能力、思维想象能力提出了较高要求，致力于充分开发学生的智力。最后，美育方面，体育教学的方方面面要使学生美的感受能力、鉴赏能力、表现能力、创造能力得以熏陶。由此，在制订教学目标时，要以促进学生的综合素质的全面发展为方向，合理设置体育教学内容。

二、学校体育文化

要探究体育教学与学校体育文化的关系，就要先明晰体育教学和学校体育文化的概念问题。上一部分已经界定了体育教学的含义，这一部分探明学校体育文化的含义。由于学校体育文化涉及诸多文化要素，这里对文化、体育、学校文化以及体育文化进行了剖析。

（一）文化

关于文化，古今中外的学者都给出了不同的定义。在学术界，文化是集传统与现代于一体的词语，但与文化相关的论著相当多，各学者都从不同方面给予了不同的文化含义。对于文化的定义，国家、年代、学科、个体四者中任何一项不同，都会得出不同的结果。针对"文化"概念的定义，最为经典的是英国文化人类学家爱德华·泰勒界定的，他首次指出构成文化的各因素是具有错综复杂的关系，即"从广义的人种论的意义上说，文化或文明是一个复杂的整体，它包括知识、信仰、艺术、道德、法律、风俗以及作为社会成员的人所具有的其他一切能力和习惯"。要想让学校体育文化的结构更明确，需要探究文化的根本含义。

"文"的本意是各色交错的纹理，后引申为包括语言文字在内的各种象征符号，进而具体化为文物典籍、礼乐制度，具有修饰、修养、人为加工等含义，以及美、善、德行之意。"化"的本意是发生、变化、造化。狭义的文化，主要是指人类社会意识形态及与之相适应的制度和设施；广义的文化，是指人类所创造的物质和精神财富的总和。由此，文化包括物质、精神、语言、社会组织等方面。文化是人类活动的模式以及给予这些模式重要性的符号化结构。

在网络信息化的今天，文化大繁荣、大发展，社会各个领域都在探寻自身文化建设，学校也在积极地构建能代表自身价值的优势文化，学校体育文化是其较为关注的一点。

（二）体育

体育是伴随人类社会的发展而逐步建立和发展起来的一个专门的科学领域。它是人类社会发展中，根据生产和生活的需要，遵循人体身心的发展规律，以身体练习为基本手段，达到增强体质，提高运动技术水平，进行思想品德教育，丰富社会文化生活而进行的一种有目的、有意识、有组织的社会活动。体育的概念有广义和狭义之分，狭义的体育概念也称体育教育，是一个发展身体，增强体质，传授锻炼身体的知识、技能，培养道德和意志品质的教育过程，是对人体进行培育和塑造的过程，是教育的重要组成部分，是培养全面发展的人的一个重要方面。而广义的体育概念也称体育运动，是指以身体练习为基本手段，以增强人的体质，促进人的全面发展，丰富社会文化生活和促进精神文明为目的的一种有意识、有组织的社会活动。它是社会总体文化的一部分，其发展受一定社会的物质、精神和制度的制约，并为一定社会的物质、精神和制度服务。

（三）体育文化

《体育名词术语》中给体育文化下的定义是：体育文化是指"广义文化的一个组成部分，它综合各种利用身体文化锻炼来提高人的生物学和精神潜力的范畴、规律、制度和物质设施"。学者杨文轩在《体育原理》中认为"体育文化是在增进健康、提高人们生活质量的过程中创造和形成的一切物质的和精神的财富，包括与之相适应的社会组织及其规范体育活动的各种思想、制度、伦理道德、审美观念，还包含为达成体育目标的各种改革措施以及相应成果"。从古至今，体育文化的概念一直没有得以统一，因此探明体育文化的含义十分必要。

体育文化可指体育运动某一方面的文明因素，也可指体育运动本身所蕴含的、围绕体育运动所形成的一切物质文明与精神文明的总和，指人类在体育历史发展过程中所创造的物质财富和精神财富的总和。体育文化的主体是人类，是人类特有的社会文化现象和文明成果，包括与之相适应的社会组织及规范体育活动的各种思想、制度、伦理道德、审美观念，还包括为达成目标而进行的各种改革举措以及相应的成果。

首先，从狭义的文化概念来理解体育文化。狭义体育文化说把体育文化限定在体育精神现象或与体育活动相关的社会意识形态以及与之相应的制度和组织机构等范畴之内。狭义体育文化论者主张把体育文化的概念的外延限定在精神领域，认为体育文化就是指以身体的活动为基本形式，以身体的竞争为特殊手段，以身体的完善为主要目标的体育活动过程中人的精神生活的有关方面。

其次，从物质与精神的二元关系来理解体育文化。《辞海》中文化的定义是"广义指人类在社会实践过程中所获得的物质、精神的生产能力和创造的物质、精神财富的总和"。秉持这一观点的学者认为，体育文化是有关体育运动的物质文明和精神文明的总和，是人们在社会中通过长期的体育实践所创造的物质财富与精神财富的总和。

再次，从文化结构主义来定义理解文化。关于文化结构，理论界存在诸多提法。如物质文化与精神文化两分说；物质文化、制度文化、精神文化三层说；物质、制度、行为、心态四层说；物质、社会关系、精神、艺术、语言符号、风俗习惯六大子系统说等。这些不同的文化结构主义定义下的体育文化多有不同，但是其内核是大同小异的。

最后，总结不同角度理解的体育文化可以得出：体育文化的主体是人类，是人类特有的社会文化现象和文明成果，泛指人类在体育历史发展过程中所创造的物质财富和精神财富的总和。

体育文化是和人类体育运动相关的物质、制度、精神、行为文化。文化是体育文化的上位概念，在人类文化的多个组成部分中，体育文化是文化的分支之一，是社会文化的亚文化。立足于文化学与社会学角度进行分析，相比于体育运动的开展，建设体育文化显得更加关键，建设体育文化可以推动人类向着全面、自由、和谐的方向不断前进，使得个体性格和社会性格尽可能达到统一。因此，体育文化是指将提高身心素质、寻找健康生活方式为目的的体育运动，以及由体育运动产生的物质与精神财富的总和。精神财富主要是指体育运动在思想意识和价值取向方面产生的作用。

（四）学校文化

文化的含义丰富，各个领域的学者们立足于不同角度看文化，自然其文化观各有不同，以不同文化观的视角看学校文化自然也各有不同。

当下，从多个角度、多个侧面、多个层次来看有几种主要的"学校文化"的观点。

"文化氛围说"是指学校文化是众多群体文化中的一种，学校中具备学生特征的精神环境与文化氛围，是学生在教学管理和教学全过程中逐步形成的文化氛围与传统。"社区说"是运用社会学理论的人对学校文化进行的解说。他们认为，从分类的角度进行分析，社区文化包括学校文化。学校文化是社会文化大背景下，特色鲜明的亚文化形态，是生活在学校社区的每位成员共同拥有的学校价值观，以及学校价值观在物质形态和意识形态两方面的具体化。"补充说"是指学校文化是对学校第一课堂的深入完善，以学生的兴趣与条件为参照依据，对学校课堂教学的缺陷加以补充，对学生的才能与爱好产生积极影响。"体现说"是指学校文化是对学校精神、学校传统、学校作风、学校理想四个方面的整体体现。

以上这些看法的共同特点是立足于某一角度或方面来界定学校文化某些方面的内涵，加深了人们对学校文化的认知。关于学校文化的概念还有很多，如综合说、启蒙说、精英说、二课堂说等。但综合以上论述，对学校文化的含义还是存在一些盲区，忽视了一些方面。一是忽视学校文化的特色价值与教育价值，陷入学校文化与社会其他文化相同的误区；二是忽视教师、职工等其他人员的具体作用，把研究学校文化的角度仅仅定位在学生群体上；三是忽视学校文化与其他文化一样的完整性，陷入学校文化就是纯精神文化或者就是娱乐文化的误区；四是忽视了对学校文化和学校主体的互动性，分离地看待两者。

综合来看，学校文化是指：处在教书育人的学校环境中，发挥学生的主体地位及教师的主导作用，将目标设定为推动学生成长、提升学生总体文化和审美的水平，动员学校所有师生员工在教学、科研、管理、生产、生活、娱乐等领域的相互作用中，共建特色校园、对学校生活主体追求的物质、制度、精神、行为等成果的总和。载体是物质、形式是制度与行为、内部核心是精神，四者共同构建成特殊文化形态，即学校文化。简言之，学校文化是一种特定生活方式，是指教师、学生、员工进行学习、工作和生活的一种精神氛围与物质环境。

教师、学生以及员工均在学校文化中生活，同时也扮演着学校文化的建造者和变革者，但是也在被学校文化自觉或者不自觉地陶冶、引导与塑造，最后教师、学生以及员工的行为习惯、精神追求以及生活方式逐渐确定和形成。

综合以上关于文化、体育、体育文化、学校文化的阐释，可以将学校体育文化归纳为主体、客体两个方面。学校体育文化的主体是学校师生、学校管理人员、学校后勤人员、其他人员等建设学校体育文化的参与者；学校体育文化的客体是社会环境、校园环境、体育环境等影响学生成长的客观环境。学校体育文化是指在主体之间、主体与客体之间相互作用下所表现或者产生的能提高身心素质、寻找健康生活方式的体育运动，以及由体育运动产生的物质与精神财富的总和。精神财富主要是指体育运动在思想意识和价值取向方面产生的作用。

三、体育教学与学校体育文化的关系

（一）体育教学是学校体育文化的黏合剂

学校体育文化的组成部分包括学校体育行为主体文化、学校体育物质文化、学校体育精神文化、学校体育制度文化等。所有这些文化要相互作用，相互影响产生互动，大都需要以与体育教学为方式来发生，由此来看体育教学是学校体育文化的黏合剂。

（二）体育教学是学校体育文化的基础

任何文化都需要特定群众基础，形成学校体育文化同样需要学校体育行为主体学生和体育教师作为主要的群众基础。要建设学校体育文化环境将体育教学作为基础是非常必要的。从另一个方面来说，体育教学更多的是学校体育行为主体的相互作用，是体育教师的教与学生的学之间的互动性，也是体育教学的主要方式和组成部分。

（三）体育教学促进学校体育文化的发展

培养学生体育精神、体育意识、体育技能，使学生的体育文化素养得到本质提升，全面推动学生身心健康发展，是学校体育文化的主要思想和目标。在体育教学过程中，开展丰富多彩的学校体育文化活动，能够推动学生身心全面发展，使学生的体育素养得到本质提升，形成健康的人格品质，促进学校体育文化整体的发展。体育教学对学生心理素质文化、体育精神文化的培养、人文素质文化的培养、思想品德文化的培养都有重要作用。

体育教学在培养学生心理素质文化方面的体现是：帮助学生养成不怕困难的意志，以及乐观友爱、团结合作的态度，克服自身心理障碍的能力；改善和提高学生的人际交往水平，有助于学生形成顽强的意志品格，很好地融入学生群体或者社会群体。

体育教学在培养学生体育精神文化方面的表现是：培养学生百折不挠的拼搏精神、不断挑战并且超越自我的精神、友谊第一公平竞争的精神、对真善美不断追求的精神。

体育教学在培养学生人文素质文化方面的体现是：体育教师以身作则在教堂内外创造出有益于提高学生人文素养的健康环境；运用合理的教学方法，高效发挥学生的主体作用，使学生养成终身体育的良好习惯，强化学校体育文化对学生个体的影响；人文精神显著的体育项目，能够拓宽学生的体育视野，培养学生参与体育运动的兴趣，强化学生的主观能动性，形成轻松快乐的学校体育文化氛围。

体育教学在培养学生思想品德文化方面的体现是：体育教学不仅能对

学生展开思想品德教育,而且在体育教学的各个环节均体现着学校的思想品德教育,学生在掌握体育知识的同时,也有助于自身形成优良的道德意志作风。

（四）学校体育文化对体育教学质量的影响

学校体育文化对体育教学有很大影响,学校体育文化对体育教学有正向提升作用和反向抑制作用,即良好的学校体育文化可以提升体育教学的质量,反之亦然。

良好学校体育文化对体育教学的提升作用表现为:一是,能够充分调动学生的主观能动性,激发学生对体育运动的学习兴趣,陶冶学生的道德情操,推动学生身心健康向好发展;二是,可以强化学生的竞争意识与团队意识,克服限制超越自我,培养其创新精神,实现学生综合素质的全面发展。在学校文化建设中学校体育文化具备的价值极高,体育教师应当积极开展和参与学校体育文化活动,充分发挥自身的指导作用;学生应当加强在体育文化活动中的参与体验程度。教育性是学校体育文化价值的显著体现,同时体育文化核心也是"育"。学校作为传授知识的重要场所,集智育、德育、美育于一体,而学校体育教学同样是集智育、德育、美育于一体。因此,在不同学校中,体育教学及其衍生活动都是必不可少的必修课程与业余活动。

学校体育文化不令人满意的学校,其体育教学的质量也堪忧。学生和教师对体育教学中的体育活动的参与度、参与态度、教学效果等都不令人满意。所以要提高学校体育文化建设以此促进学校体育教学质量的提高。

第三节 体育教学中体育文化的传承

人类长时间的体育运动实践是体育文化形成的基础条件。体育文化在形成的过程中表现出其自身的特征。体育文化是人类拥有的诸多文化财富中的一种，在体育教学的实践中，必须要把发展起来的体育文化传承下去这一任务放在重要的位置上。

一、体育教学中学校体育文化理念的转变

（一）树立终身体育教学理念

实践证明，积极转变体育教学理念尤为重要。单方面将提高在校学生的身体素质作为目标的教育理念，会忽视终身体育与体育教育的长远效应，学生走出学校迈向社会后难以持之以恒。而秉持推动学生全面发展的体育教学理念，就是将提高学生身体素质设定为长期目标之一，将培养体育意识与体育心理等放在突出位置，结果是令人满意的。个体终生参与体育锻炼与接受体育教育之和，即终身体育教育，这一理念在现代体育教学种的作用十分重要。

学校体育课程设置的改变也反映出学校教学理念的改变，将符合学生实际需求的选课形式作为体育教学结构的基础，这是我国学校体育教学理念改革的重要表现，也是发展学校体育文化的趋势，更是学校体育以人为本宗旨的充分体现。体育教学领域终身体育能力的培养是体育教学的一项重要指标。学生的体育能力水平不仅影响其自身的学业成绩，还对其终身体育能力产生重要影响。终身体育能力的培养需要合理的引导，体育教学改革就是要建立在对其能力具有引导意义的指标体系框架内，完善其制度，使其有据可依。学校体育教学以终身体育为目标的教学理念，形成内外环境条件的配合，最终达到学生内在学习动机和外在学习策略对其终身体育能力培养的双重保证，进而完成学生独立思考能力和创新能力的培养目标，为学生提供未来独立学习、适应社会等方面所需要的技巧和能力。

人类在个体的不同成长时期和阶段都应当密切联系自身实际需求，积极接受体育教育，参与和自身情况相符的体育锻炼，并坚持不懈才可以实现预期的锻炼目标，这是终身体育思想的体现。终身体育思想的目的主要包括两方面：一方面是使个体在不同人生阶段坚持学习体育知识与技能，同时积极参与体育锻炼；另一方面是合理衔接个体不同人生阶段的体育需求，为实现完整、连续的体育教育提供保障。

（二）实践终身体育的教与学

在实际生活中，人们应将把自身实际情况和体育锻炼内容与方法有机结合，根据自身变化来对锻炼内容和方法进行合理调整，树立终身体育意识。具体来说：一是终身学习者获得体育锻炼的途径和方式，应是体育教师在体育教学中传授的；二是体育教学应是让学生掌握特定锻炼方式和多种体育锻炼方法的相关技能，具备快速搜集和运用体育锻炼方面的最新消息的体育自学能力，从而养成良好的体育锻炼习惯和创新意识；三是体育教学应该多方面调动学生体育运动的主观能动性。

终身体育从不同角度看可以分为两个方面。

一是学校教的方面。终身体育是将目的与途径设定为体育系统的整体化、科学化，向学生个体传递各人生阶段和不同生活范围加入体育锻炼的终身意识的实践过程。学校是学生接受正规系统教育、健康教育时间最长，形成正确体育、健康观的最佳时期和场所。完善的体育学习对提高学生的体育创新精神和实践能力具有重要作用。学校应切实提高体育教学的效益，发挥体育根本价值功能，让学生真正感受到体育的乐趣和作用，从而为培养学生的体育意识、体育能力、终身体育习惯打下基础，让体育切实为学生服务。

二是学生学的方面。个体在其一生中持续参与体育活动，实现提高身体素质和促使身心健康的目的。学校体育教学、各项体育文化活动的开展对学生体育技能的学习起到了积极的推动作用，但是学校体育教学的开展过程中也存在一些问题需要改善。教师的"教"与学生的"学"脱离，成了教学过程中两个分离的环节。要将强学生自主互动学习方法的应用比例，扩大学生自主练习的空降和时间，增加练习密度并加强交流，激发学生自主学习的主观能动性，提高学生体育兴趣，加强学生体育理解力，达到提高学生自主学习能力的目的。学生自主互动学习方法的课堂设计，要以学校体育教育的规律为基础，创新学生自主学习方法，构建行之有效的自主教与学的互动模式。

二、体育教学中教师教学模式与内容的变革

（一）变革体育教学模式

打破传统体育教学模式的限制，在体育教学中只有充分发挥学生的主观能动性，学生的主体作用，教师的主导作用，才能使学生的体育文化水平达到质的飞跃。在体育教学过程，体育教师要保持良好的情绪状态，使课堂环境达到轻松、快乐的氛围，才能有效调动学生参与互动的主观能动性。要想达到师生良性沟通的目的，只有转变体育教学的模式，以学生为主体，才能实现有效对话和双向理解，师生间才能具备和谐的关系。学生有和体育教师学习某方面体育知识和技巧的积极意愿时，教师要持续调整自身态度，努力使师生关系更加融洽，推动体育课堂教学顺利开展。

在体育教学的实践过程中，教师同时具备教学者和管理者两种角色，提升教学质量的基础性条件是管理好课堂。体育教师对体育课的主要管理工作包括分组、建立课堂规则、给学生做思想政治工作、激发学生学习积极性、灵活运用教学手段、控制运动密度和强度、正确使用场地设施、及时做好安全防护措施、规范师生服装等。

对于体育教学的开展因材施教是极为必要的。在体育教学的实践过程

中，应当开展学生选修课，促使学生在对体育运动项目选择时充分结合自身爱好；同时针对身体素质有待提高的学生，应当对其提出限制选择项目的指导和说明。在体育教学过程中，体育教师应指导学生认识自身实际，深入理解体育文化，再结合预期要达到的目标，对运动项目做出最为合适的选择。

（二）变革体育教学内容

体育教学在备课、选择和确定具体体育教学内容之前，应当对学生现阶段身心特征以及体育水平进行深入了解。要有效发挥体育教学内容对学生身心发展的促进作用，离不开体育教师的正确指导。因此，体育教师要对学生的学习过程进行良好引导，使教学内容成功转化成学生需要的内容，并且让学生认识到教学内容的重要性，只有这样才能将教和学融合起来，推动教师和学生共同进步。由此可知，教学内容的正确选择，对学生学习体育知识、提高身体素质、养成良好运动习惯均具有积极影响。体育教学内容不仅在体育教学中占有重要地位，而且在体育教学的全过程中具有关键性作用。科学的体育教学内容在使学生德智体美全面发展的同时，还能保持学生的个性特征。科学合理的体育教学内容是师生间联结良好纽带，能够强化师生的信息沟通。要想更好地适应时代发展的需要和学生自身发展的需要，就要在选取体育教学内容时遵循学生的成长规律和体育教学自身的特点。

三、体育教学中学生对体育文化的传承

体育素养是当人们学习和掌握体育知识、技能之后，形成的正确的体育认知、体育价值观以及待人接物的态度等。从整体角度进行分析，当学生的体育素养提高后，可以推动学生多方面发展，为传承学校体育文化奠定坚实基础。学校体育教学的作用有四点，一是使学生的综合素质得到本

质提高，二是使学生的体育素养得到本质提高，三是使学生身体健康水平得到提升，四是使素质教育的良性发展得到有效推进。

动态性是传承体育文化的显著特点，传承是延续体育文化的重要条件，传承体育文化的载体是人。体育文化的传承从本质上讲属于人的创造性活动，所以传承文化和发展文化的最终结果取决于人的素质。由此，学校体育文化在被传承的全过程中，传承人扮演着关键性角色，只有传承人不断提升自身综合素质，充分发挥自身潜质，汲取各方面的优秀成果和经验，才能将体育文化精髓充分掌握与吸收，从而更好地传承和发扬。

（一）认识学校体育传统，树立终身体育观念

学校体育的发展在东西方逐渐成为社会发展与文明演进的标志和动力。体育文化的发展和传承始终贯穿于学校体育发展的中轴线。可以说学校体育是传统体育文化和现代体育文化发展的基础。学校体育教育中的足球、篮球、网球、体操、健身、健美等体育项目吸引着最普遍的爱好者，我国传统体育文化也在学校体育领域逐渐占有重要位置，越来越受到学生的欢迎。传统体育项目中导引、气功、武术、太极拳等动静结合，修身养性的体育文化在我国学校教学中源远流传。学校体育传统与现代协同发展，实现了学校体育文化的推广和普及。

学校体育文化是一所学校区别于另一所学校的文化特质之一，是该校在体育办学方针、办学成绩、领导作用、学校体育风气等方面的综合反映。学校体育传统是学校体育文化得以延续和发展的基础。苏联著名教育家马卡连柯曾经指出："任何东西，也不像传统那样巩固集体。培养传统、保持传统是教育工作中最重要的任务。"一个置身于学校体育文化中的人，从他生活在校园之中的那一天起，就处在一定的学校体育传统包围之中。学校体育传统本身就是一个浓重的体育文化氛围。学校体育传统作为一种文化模式的具体表现，要经过相当一段时间的积累、积淀而逐渐形成。它

所形成的学校气氛能使群体各个成员产生归属感、安全感和自豪感，并使生活在这种环境中的各个成员不断调节自己的心理和行为，以利于和学校体育传统保持一致，同时得到群体的肯定，实现文化整合。

学校体育教学有助于引导学生养成良好的体育习惯，激发学生对体育运动的兴趣、爱好，并养成良好的体育习惯，从而树立终身体育观念，使体育成为其生活中一个不可缺少的组成部分。因此，学校学生在体育课堂内外要自觉地接受学校优秀体育文化传统熏陶，而能较快地适应新环境的要求，改变原来不适应学校体育传统的行为与习惯，发扬和传承学校的优秀体育文化传统。

（二）培养体育欣赏能力，提高体育活动的参与度

体育欣赏能力是培养学生自身体育兴趣的基础。体育运动除了其显而易见的益处即能有效地增强体质，健全人体各种生理功能，塑造自身矫健、强壮的人体外，还有其特殊的感染力。随着体育文化的发展及其内容的不断丰富，体育的文化内涵越来越多、精神阵地和艺术色彩越来越丰富，体育潜移默化地感染、熏陶着人们。体育竞赛观赏也成为向青少年实施审美教育的特殊途径和有效手段。因此，在学校体育教学中，学生们除了注重锻炼自身的体质及体育技能外，还要注重培养自身对体育艺术的欣赏能力和审美情趣。

培养自身的体育欣赏能力，首先，要了解体育竞赛观赏的原则，体育运动中存在大量的美，且由来已久，学生要在体育竞赛观赏过程中加深理解，就必须弄清体育运动中的真、善、美及其相互关系，把握其联系和区别，这样美的形象才会鲜明地展现在我们眼前。其次，要掌握正确的体育竞赛观赏方法。由于体育运动中包含的因素异常丰富，为提高自身观赏多样的体育运动、加深对各竞技项目特点的理解，学生就要培养学习体育的自主意识，将整个运动形态加以分类，揭示体育运动中美的一般规律，最大限度认识各项目对人体健美的效益，提高自身对体育的观赏效果和审美

情趣。国外学者分析了运动美的要素，主要包括实践性（灵敏性、速度、节奏）、空间性（幅度、高度、重量）、坚韧性（强度、激烈、顽强）、精致性（巧妙、准确、均衡）、愉悦性（华丽、热爱、惊险）、优雅性（柔和、流利、高尚）。学生可以以此为鉴，有意识地培养正确欣赏体育竞赛的方法，从而激发对体育的兴趣，进而提高自己对体育活动的参与度。

另一方面来说，学生通过体育竞赛观赏，能培养自我的体育精神。赛场上的运动员，在受了伤的情况下依然坚持比赛到最后，即使他们没有获得名次，他们坚强的意志也成了体育运动宝贵的财富。这增进了学生对体育精神的理解，从而提高对体育的兴趣，甚至其不屈不挠、顽强拼搏的体育精神对自身综合素质的培养产生重要的影响。

（三）传承学校体育文化，实现终身体育目标

学校体育作为大众体育的重要组成部分，积极探索适合我国民族传统的体育教学是学校体育改革的方向。当今高校的体育教学不是一个封闭式的教育，体育教学有时会外延到与社会体育团体的合作，学生对体育的学习不仅限于实际的课堂和校园内部，体育内容和形式的多样性，为学生参与体育活动提供了多种选择性，但是同时对学生的选择能力提出了要求。学生应该在正确认识学校体育传统和有足够体育欣赏能力的基础上，有效地传承学校体育文化，同时在终身体育观念的指导下积极参与体育活动。学生还可以积极发挥自己在体育方面的创新思维，比如组织一些学生自己举办的竞赛活动：街头篮球对抗赛、太极演练等，利用自身的影响力，激发周围学生的体育兴趣，从而为传承学校的体育文化贡献自己的力量。

自 2008 年北京奥运会成功举办后，特别是 2015 年 2 月，中央全面深化改革领导组第十次会议审议并通过了《中国足球改革发展总体方案》，并指出建设体育大国和体育强国。各项体育运动的规模和影响在我国达到空前繁荣，掀起了全民体育运动浪潮。在这一全国性体育氛围的熏陶下，

学校学生也要积极培养自己实现终身体育目标的决心。从调查结果来看，当前大学生对体育运动的态度是十分积极的。学生要充分认识自身体育素质，积极参与适合自己并且自己感兴趣的体育运动，坚持终身体育的目标。使原本不喜欢体育运动的自己喜欢上体育运动，使原本喜欢体育运动的自己更加贴近自己喜欢的体育运动，并且把终身体育作为目标坚持下去。

第四节　体育教学与体育文化的融合发展

体育教学要与学校体育文化融合发展才能更好地发挥作用，这在很大程度上是由学校体育文化的功能决定的，而其两者融合的方式也是多种多样的。

一、体育教学与学校体育行为主体文化的融合发展

体育教学是实现学校体育目标的基本形式，是对学生进行有目的、有组织的教育过程，是学校体育文化的基本组成部分。体育教学在培养学生终身体育意识和锻炼习惯这一目的主线上，应提倡传统体育项目的开发和本地区民族体育的挖掘与教学，增加体育项目的趣味性、文化独特性。体育是教育的重要手段，是学校课程体系中的重要组成部分。学校体育教育对培养学生的体育意识、体育能力、终生体育习惯、健康意识有举足轻重的作用。体育是健康生活方式的基石，是促进健康的载体，是提高人的生命和生活质量的重要基础与保证，体育学习对学生的发展具有多方面的价值。通常来说，学校体育教育是受教育者接受体育教育时间最长的一个阶段，是形成正确体育观的一个导向台，达成体育目标的载体。

学校尊重并力图实现每位学生公平参与各项体育活动的权利。在实际教学过程中，学校和教师要对各项体育活动、体育竞赛活动进行全力革新与完善，充分挖掘和发挥体育活动、体育竞赛活动的价值和功能。在安排各项群体活动项目时，以学校实际情况作为重要依据，传统项目与重点项目优先安排，妥善加入一些激发学生运动主动性的体育活动和竞赛项目，同时还要兼顾活动的可执行性以及提升运动水平的目的性。

对于体育文化节的举办，将其开展范同锁定在学校内，要将学生放在主体地位，充分发挥教师的主导作用。春秋两季气候适宜体育活动，所以选择在春秋两季开展的运动相对较多。通常情况下，体育文化节会维持两周时间，学校特色和所属地域不同，文化节内容也会存在着很大差异。体育文化节应当同时包括很多类型的项目，进而带动学生参与的积极性。开展学校体育文化节，不但能让学生深入认识体育文化。还能让更多学生参与到传承和弘扬体育文化的队列中。对于体育文化来说，学校文体活动能够使其在学校范围内传播得更加广泛，学校应当积极开展体育文化节活动。

在进行具体的体育教学安排时，要有所侧重，要将不同类型的运动会项目均匀安排于整个学年中。对运动会等大型体育活动展开统一安排和规划，将学校教育计划、气候变化、国家法定节假日以及项目数量等众多因素全部考虑到。尽量把学校大型运动会或大型竞赛活动安排在每年的同一时间，使其成为学校特色与传统。除此之外，教师要时刻谨记学生的主体地位，重视发挥学生的积极性，解放其学习方面的天性。在学习过程中，学生不仅要主动参与其中，而且要积极带动其他学生的主动性。

二、体育教学与学校体育物质文化的融合发展

体育课外活动组织形式相对于课堂活动富有变化、具有灵活性。体育

课外活动组织形式灵活的根本原因在于其性质。由于学生间存在着巨大差异，所以固定不变的体育活动形式是与实际相违背的。因而，要想使学生群体的不同需求得到满足，积极调整和变换运动形式是十分必要的。因此，校内体育俱乐部活动受到了广大学生的欢迎，学生可以参照自身在体育方面的优势和喜好加入。校内体育俱乐部导向性明显，体育活动的最终效果好，当前受到越来越多学生的欢迎。目前，单项俱乐部与综合俱乐部是学校体育俱乐部的两种重要形式。

这就需要结合学校的场地器械、学校综合师资水平、现有体育优势等。在管理校内体育俱乐部时，应当专人负责与管理，密切结合本校体育工作的整体规划与各项具体计划，进而科学确定体育活动的各项目标、具体运营方式、具体人员安排等多个方面。与此同时，在筹集经费、合理分配和安置育场地和体育器械方面也要做好相应工作。

学校在体育物质文化方面还要加强体育社团网站的建设。理想的社团网站，不但对不同社团的组织结构完善状态有相对客观的反映，而且能够在很大程度上推动学校体育文化的发展进程。但现实情况是，我国大部分大学体育社团团没有建设专门网站或网页，这样就会降低大学体育社闭的影响力，可能难以吸引学生的参与。

三、体育教学与学校体育精神文化的融合发展

变革体育教学理念、创新体育教学体系，是融合体育教学、体育、体育文化的基础性途径。学生不应将获取学分作为参与体育课的唯一目的，体育教师要将体育教学终极目标向学生说明清楚。学校要积极推动体育课程改革的整体进程，将部分注意力放在培养学生树立终身体育意识方面。在大学三年级和大学四年级，可以适当加入某些休闲体育运动项目，使学

生持续参与体育锻炼，进一步巩固或者加强学生的体育精神文化意识。

健身功能、修身功能、养心功能是民族传统体育的主要功能。因为民族传统体育将文、武有机结合，所以可将民族传统体育作为人数较大人群的教育方式。因为儒家伦理道德为核心的社会文化体系在过去的很长时间影响着我国主要民族，所以民族传统体育的民族特色十分鲜明，因此，把文化内容深层次融入教学方式与教学功能中，从理论上讲更容易实现学生身体全面发展，推动中国体育教学不断向前。在体育教学中加入民族传统体育的元素还对建立良好的学校体育文化特色与传统有促进作用，很好地实现了与学校体育精神文化的融合发展。

四、体育教学与学校体育制度文化的融合发展

在我国大力变革和发展学校体育的情况下，高校有关部门和领导必须将强化学校体育文化建设置于重要位置，同时也要解决时代变迁向体育文化发展提出的各项新要求。一般情况下，学校会建立系统性极强的相关制度，采取各种措施，使学生参与体育课外活动的主动性得到高效激发。

在体育教学中，学生参与体育课外活动、完成体育活动规定的某些任务、达到学校体育终极目的，也是学校向社会输送全面发展人才的一个目标，还是学生身心发展的客观要求，这就需要相关制度的保驾护航。

作为构成学校文化的一个部分，学校体育制度文化，是关于体育一些细化制度的制定，它对高校发挥学校体育文化的文化价值具有举足轻重的作用。如在全国各类高校，基本具备学生体质健康标准、学校体育工作条例等国家下发的成文制度。然而实际情况进行分析，国家下发的这些成文规定在多数情况下属于理想状态之一，绝大多数高校在学校体育方面有长

时间规划,但关于学校体育文化管理机构建设等方面的完善的制度化文件尚未形成。换句话说,制度化和规范化的局面只存在于大学体育的某些方面。学校体育制度文化是体育教学顺利进行的保障之一,两者也在融合中动态发展共同进步。

参考文献

[1] 安基华，李博士. 体育教学理论与实证研究［M］. 长春：吉林人民出版社，2019.

[2] 曹桂祥. 健康中国理念下高校体育发展思路及实践路径研究［M］. 长春：吉林文史出版社，2018.

[3] 曹宏宏. 高校体育与健康课程教学实践改革研究［M］. 吉林出版集团股份有限公司，2018.

[4] 丁霞. 大学生体育锻炼与户外运动［M］. 长春：吉林人民出版社，2020.

[5] 高立群，王卫华，郑松玲. 素质教育视域下大学生体育教学改革研究［M］. 长春：吉林人民出版社，2019.

[6] 古海涛. 终身体育理念下的高校体育教学优化模式分析［J］. 体育画报，2022（7）：161-162，164.

[7] 黄程，梁宏明. 终身体育理念下高校体育教学改革与创新［J］. 南宁师范大学学报（自然科学版），2022（1）：207-210.

[8] 靳勇. 新时代我国体育中介业治理路径［M］. 石家庄：河北科学技术出版社，2020.

[9] 刘甲爽. 体育经济与赛事管理［M］. 北京：中国政法大学出版社，2015.

[10] 孙永武. 面向终身体育理念的高校体育教学［J］. 运动-休闲（大众体育），2021（7）：92.

[11] 谭强强. 浅谈学校体育理念之变化［J］. 体育科技文献通报，2020

（6）：133，136.

[12] 殷晓辉. 体育活动中的心理因素及心理技能训练方法 [M]. 天津：天津科学技术出版社，2019.

[13] 田伟. 终身体育理念下的高校体育教学改革研究 [J]. 新丝路（上旬），2021（3）：124.

[14] 王丹，周岳峰，陈世成. 高校体育理论知识与实践研究 [M]. 长春：吉林人民出版社，2021.

[15] 韦勇兵，申云霞，汤先军. 体育教学与运动技能分析 [M]. 长春：吉林人民出版社，2019.

[16] 吴明放. 终身体育理念下高校体育教育改革创新探究 [J]. 湖北开放职业学院学报，2022（12）：16-17.

[17] 徐锦华. 探寻终身体育理念下的高校体育教学改革措施 [J]. 网羽世界，2021（5）：95-96.

[18] 岳慧灵. 体育课程运动处方教学模式 [M]. 长春：吉林人民出版社，2020.

[19] 张锦兴，程联廷. 终身体育理念融入大学体育改革策略探究 [J]. 文体用品与科技，2021（10）：188-189.

[20] 张帅奇，苏雯，权华. 大学生体育锻炼与心理健康问题研究 [M]. 长春：吉林人民出版社，2020.